弘毅文化，引领学校发展
——我做校长的思与行

郑希刚／著

吉林出版集团股份有限公司
全国百佳图书出版单位

图书在版编目（CIP）数据

弘毅文化，引领学校发展：我做校长的思与行 / 郑希刚著. -- 长春：吉林出版集团股份有限公司，2022.10
　　ISBN 978-7-5731-2465-4

　　Ⅰ.①弘… Ⅱ.①郑… Ⅲ.①中学—校长—学校管理—文集 Ⅳ.①G637.1-53

中国版本图书馆CIP数据核字(2022)第191213号

弘毅文化，引领学校发展 ——我做校长的思与行
HONGYI WENHUA, YINLING XUEXIAO FAZHAN — WO ZUO XIAOZHANG DE SI YU XING

著　　者／郑希刚
出 版 人／吴　强
责任编辑／孙　璐
装帧设计／雅硕图文
开　　本／710mm×1000mm　1/16
字　　数／140千字
印　　张／8.5
版　　次／2022年10月第1版
印　　次／2022年10月第1次印刷
出　　版／吉林出版集团股份有限公司
发　　行／吉林音像出版社有限责任公司
地　　址／长春市福祉大路5788号出版大厦A座13层
电　　话／0431-81629667
印　　刷／长春市华远印务有限公司

ISBN 978-7-5731-2465-4　　　　定价／78.00元

序

因为有过前后五年的师范院校学习经历,毕业后又当过七个年头的中学语文老师,我对教育一直保持着真挚深厚的情谊。现在,虽已离开那个岗位近三十年,但一提起学校,说到老师和学生,情绪还会不由自主地振奋起来,甚至会想起当年在讲台上手捏粉笔的许多往事。

还记得一个夏日深夜,大雨如泼,我站在学校办公楼三楼的走廊上,看楼下那几棵粗壮的杨树在风雨中狂摇的情景。闪电滑过,接着是一声声霹雳般的响雷传来,惊心动魄。也记得一个寒冷的冬天,大雪之后,我在似乎有些泛蓝的月光之下,沿着操场一边的小路踏雪走过,身后留下了一连串"咯吱、咯吱"的声响。俱往矣!三十年的时光过去,一切都已物是人非,忘不掉的是那份记忆和情感。

有时想来,也不免后悔和惭愧。当时自己初出茅庐,空有热情而缺少学识,大有误人子弟之嫌。后来读书多了我常自责,当时不仅对许多事情都是"半瓶子醋",就是对家乡莱芜的前辈大家也所知甚少。对散文家、教育家吴伯箫先生算是略知一二,因为他有几篇文章选入课本;对历史学家王毓铨先生、诗人吕剑先生等就一无所知了。还有莱芜深厚的历史传统和丰富的人文风物,都不甚了了。想想自己在课堂上的那些讲述，是多么"瘦骨嶙峋"、枯燥乏味，难怪一些学生听得昏昏欲睡了。要是当时知道的多一点、再多一点，该有多好。后来我写出散文随笔集《啊，莱芜……》，出版《莱芜现代三贤书影录》《吴伯箫书影录》《王毓铨书影录》《吕剑书影录》，整理莱芜历代诗词曲赋，呼吁保护吴伯箫先生故居，恢复莱芜具有四百五十余年历史的垂杨书院，在莱芜三味书屋设立垂杨书院文化创意中心，帮助莲河学校建设吴伯箫文学馆、王毓铨史学馆、吕剑诗歌馆和莱芜历代先贤文化馆，支持莱芜书城设立吴伯箫大讲堂，等等，都是怀着一种歉疚的心情和赎罪的心理。我渴望自己当年所欠缺的，今天的语文老师能够补上，不再留下新的遗憾。

因此，当我拿到莱芜陈毅中学校长郑希刚先生这部《弘毅文化，引领学校发展——我做校长的思与行》的书稿时，真是发自内心地高兴。我高兴地看到，我一直在设想和履行的一个语文老师的职责，竟被一个学校的校长承担起来了，而且做得相当扎实、出色，大大出乎我的意料。在这部书中，我看到了希刚先生的文化观、教育观、教学改革观、育人观，终其一点就是文化，就是以文化人。他立足学校实际，从学校的名称引发开来，借陈毅元帅的名号展开联想，探讨其名为"毅"、其号"仲弘"的渊源，颇下了一番功夫。他与学校的各位同仁一起，进而借用孔子的弟子曾子"士不可以不弘毅，任重而道远"的名句，将"弘毅"精神确立为学校的"魂魄"，从而形成了陈毅中学独特的文化风景。这在我所知道的以名人之名命名的学校中，是挖掘较深、联系紧密的一个，也是将其中蕴含的文化元素运用得较好的一个。据我所知，莱芜还有吴伯箫学校、刘仲莹学校、汪洋学校等，其中的丰富深厚的文化因子，都是值得深入挖掘、研究的宝库。

南宋理学家、教育家朱熹说："弘，宽广也；毅，强忍也。非弘不能胜其重，非毅无以致其远。"这正是"弘毅"精神的实质所在。一所学校倘若有了这种精神，就可担当起育才大任，就能够行稳致远；一个学生如果有了这种精神，也才能够不断开拓新的境界。这样一所学校，如果单看其楼房校园，也许并没有什么出奇的地方，但如果深入到其内里细处，就可以看到它的不同凡响之处了。

我们在这部书里可以看到，希刚校长关心的是"孩子们在教室里打伞上课"的新闻，思考的是如何回学生一声"问候"，重视的是如何让学生"横平竖直写字"，等等。他关心的是小事吗？当然不是。因为他从小事情上看到的是大问题，因为他知道如果不能做一个注重小事和细节、一个"接地气"的校长，就不可能还教育以"实"、以"真"、以"静"，就有可能把学校办成"伪"教育，也就违背了教育大家陶行知先生"千教万教教人求真，千学万学学做真人"的教诲。也正是因为有了这样的理念，他们才真正做到了以学生为根本，在实践中形成了"一切为了学生，高度重视学生，全面依靠学生"的"生命化教育"理念，并且贯穿于学校教育、课堂教学甚至课外教育的全过程。这是立足文化之根对教育规律和教育方式创新的探索与研究，是一个新时代的中学校长对教育工作的深入思考和精炼总结。这样一个校长，获得全国创新型优秀教师、全国新教育智慧校长、全国科教先进校长、省教育科学研究院"优秀访问学者"、省科技教育优秀学校校长等荣誉称号，应该是当之无愧的。

这是一个有思想、有文化、有情怀的校长。或许，只有这样一位校长，才会带出一所有灵魂的学校。据我所知，家乡莱芜还有不少这样的校长。由此可见，那里的教育是充满希望的。我为之感到骄傲和自豪。

我期待家乡有更多的校长写出这样既有理论深度又有实践经验

的教育教学专著，也期待家乡的老师们有各种各样关于教育的、文化的、科学的、艺术的、文学的专著出版。当然，也希望他们能够更多地关注地域文化和地域文化名人，写出更接地气的作品。如果能够在家乡的学校和中小学教师中形成一种注重研究、深入思考的氛围，那对于教育教学工作的助力，将是无法估量的。我期待着。我相信很多人都在期待着。我们不仅期待，而且愿意为之付出应有的努力。

张期鹏

2021年3月12日（植树节）于垂杨书院

目　录

新的教育观

做接地气的校长……………………………………………………… 3
欠学生一声问候……………………………………………………… 6
校长要做"四有"教师的引领者…………………………………… 10
好校长心中装的是孩子……………………………………………… 12
"错字落聘"折射出的是一种文化危机…………………………… 14
学校教育当去伪存真………………………………………………… 16
以陈毅精神建校育人　全力打造首善学校………………………… 18
横平竖直写字　方方正正做人……………………………………… 22
让教育充满生命的活力……………………………………………… 27
以明确的价值取向，引领师生寻找最美的自己…………………… 30

新的育人观

"三个延伸"构建德育新机制　培养新时代新公民………………… 37
坚持一种态度，带好一个班级……………………………………… 42

实施"三新"德育　聚焦学生"精神成长" …………………… 47
播下梦想的种子，采撷丰盈的果实 ……………………………… 52

课题研究类

学生考试评价方式的探索与研究 ………………………………… 69
基于翻转课堂理念的"三环四式"课堂教学模式的实践与研究 …… 75
班主任对叛逆心理学生教育初探 ………………………………… 81
源于尝试　成于坚持 ……………………………………………… 86
初中道德与法治课程改革的探索与实践 ………………………… 92
"初中生命化课堂教学的实践与研究"课题研究总报告 ………… 106

后记 ……………………………………………………………… 127

新的教育观

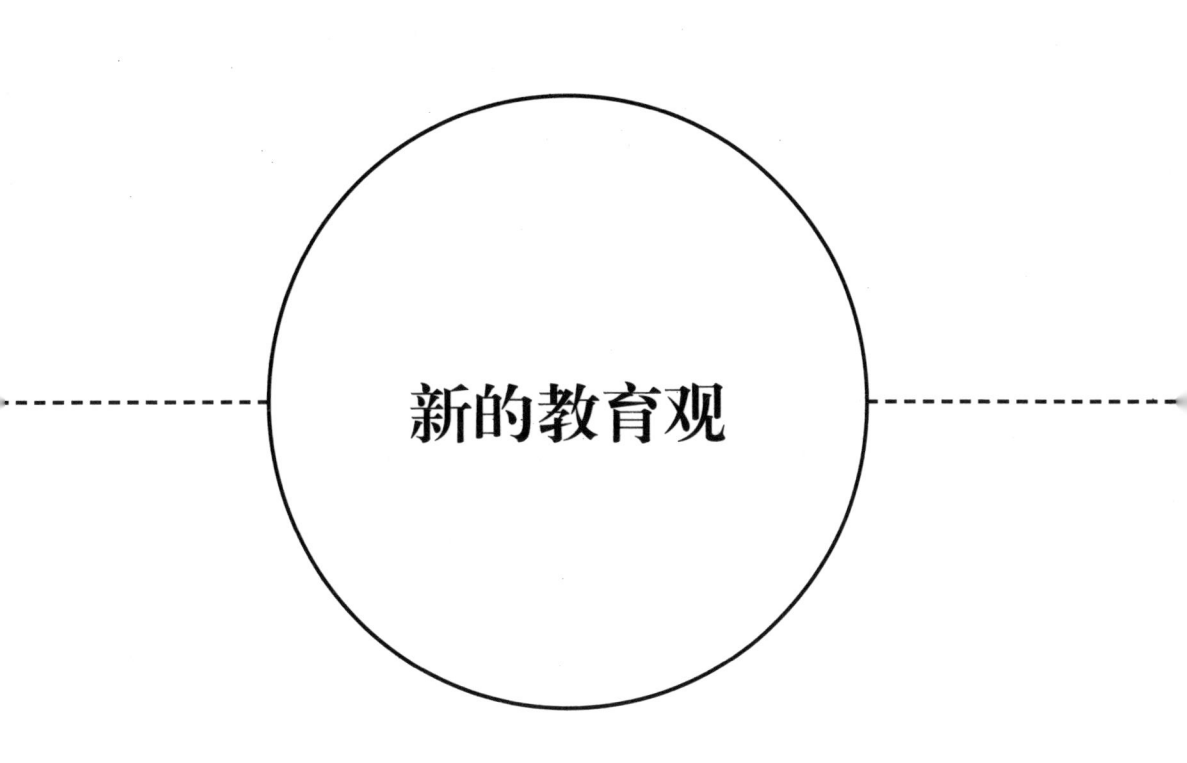

做接地气的校长

做校长真忙。这是时下校长普遍的感受。校长忙什么？除了忙于应付各种各样的达标检查、外出交流学习、接待和社交，没有多少时间忙学校教育之内的事。"一个好校长就是一所好学校。"校长的办学思路、教育行为、管理行为和风格等对学校工作产生直接的全局性影响。所以我认为，校长首先要做好分内的事，做一个接地气的"五懂"校长。

一、做一个懂课堂的校长

2012年，我有幸聆听过清华大学附属小学校长窦桂梅"为聪慧与高尚的人生奠基"的报告，可以说，没有对课堂的理解，报告不会精彩。2013年，她的一堂公开课"皇帝的新装"，用儿童喜欢的语言和表达方式，赢得了小学生的喜爱，被专家称为"来自一线，又能引领团队的教育专家"。离开了课堂，就离开了教育教学的主阵地，只有站在课堂一线，才能把握课堂，永远保持对教育的热忱，正如窦校长所说："我要做一个永远不离开课堂的校长。"她是这么说的，也是这么做的。作为一名校长，深入课堂是必须的，但执鞭课堂更值得提倡。

二、做一个懂课程的校长

北京市十一学校有一个课程改革办公室，从校长到学科带头人、特级教师，学校发展的关键人物都进了这个办公室，校长自然成为这个团队的领头羊。作为一所学校，要有一个完整的课程改革体系，校长就是课程改革体系的规划者。作为校长，要懂课程，就要研究课程、开发课程、实践课程、管理课程，不要一知半解乱指挥；还要正确解读课程标准、研究学校实际，以便掌握课程改革精神，开发校本课程，落实素质教育。当前，课程改革如火如荼，尤其是学校本位的课程开发，已成为促进学生学习生活方式转变和发展目标达成的重要课程改革方向，这就需要校长做大胆实践和深入研究的领头羊，以此引领课程文化的深度构建。

三、做一个懂科研的校长

教育实践告诉我们，教育科研是学校改革和发展的原动力。一所学校，要在原有基础上不断发展、不断创新，就必须把教育科研作为先导，而校长的科研能力是办好一所学校的关键。因此，校长必须注重教育科研，既做一名实践的思考者，又做一名思考的实践者，努力提高自己的教育科研能力，并带领全校教师大兴科研之风。为此，校长必须做到：注重理论素养的提高、注重教育科研的实践、注重理论与实践的结合。也只有这样，才能在师生中树立威信，才能做好广大教师的领班人。

四、做一个懂学生的校长

教育家陶行知在做小学校长时，发生了一个"三块糖的故事"。他在三次表扬学生的过程中，我们能够感受到虽然奖励、表扬的方式都是一样的，但其中分量最重、含义最深的是陶行知先生对这个孩子的第三次表扬——表扬学生自己认识到了在整个事件中所犯的错误，也就是学生对自己的自我教育。他对待学生，没有摆校长的架子，没有显校长的权威，他是在观察学生，以便给学生更好的教育。学生是学校的主人。作为校长，要读懂学生心灵、走进学生心灵，让学生信任你，只有这样才能成为学生成长的导师。

五、做一个懂教师的校长

李镇西的《做最好的老师》已成为很多教师必备的床头书。他也是做校长的，这本书正是他懂教师的最好例证。要了解教师的需要，理解、尊重和信任教师的劳动；增强服务意识，变权力管理为服务管理，做到一视同仁，讲求公正；要与教师打成一片，走进办公室、走进课堂、走进教研组，"蹲下身子"与教师共同发现、研究、解决教育教学中的问题，做教师的好朋友、好伙伴。

接地气才能聚人气。要办一所好学校，校长就必须沉下来、蹲下去、静下心来，带领团队凝神聚力搞教育，让学生受益、人民满意、社会认可，这应当成为每一位校长自觉追求的教育理想。

欠学生一声问候

走在校园里,一位正在值日的学生站立向我行礼:"老师好!"问候我听到了,行礼我也看到了,但由于正在接听一个重要的电话,我没有回礼,道一声问候。后来,在一次学校的问卷调查中,我看到了学生的一条建议:在学校里,无论是校长还是教师和学生,都应是平等的关系,学生向教师的行礼问好,怎么会得不到回礼呢?太伤自尊了!面对学生的反问和感慨,我感到很不自在。是啊,换位思考一下,我们是不是也有"太伤自尊"的感受呢?

其实,与我一样不与学生打招呼的教师不在少数。我知道,学生在建议中针对的不仅仅是我,批评的也不仅仅是我,而是指我们对学生的问好不报以问候和投之一笑的人。所以,在一次学校教师大会上,我把这个问题抛出来,立刻引起讨论的声音。看来,教师对于这个问题,还是有很大共鸣的。

在一次家长进课堂活动中,一位家长和我谈到了此事。他说他的孩子也提到过教师对学生的礼仪态度问题。有一天,他的孩子下午放学回家,一脸不高兴,问他怎么回事,孩子说他向教师问好,教师没有理他,他猜想是不是哪儿得罪教师了。久而久之,他越来越远离这位教师、越来越不喜欢这位教师的课了。直接和这位教师谈吧,自己又不好意思;不谈吧,孩子的心理阴影挥之不去。家长很着急、很无奈。

当我把这件事说给教师时，有些教师说是小题大做，教师就是教师，这样做岂不惯坏了学生，学生还会怕教师吗？一个"怕"字，让我心头一震。原来，我们的一些教师还惯于传统的思维，这还了得！

我意识到，这不是一件小事。学生有学生的礼仪规范。为了让学生做个有礼仪的人，学校开发了学生礼仪规范校本课程，教师精心备课、认真讲解、严格检查、及时评价。而教师的礼仪规范呢？我们却没有相应的约束，更别说检查评价了。所以，我认真总结梳理，形成了《教职工礼仪行为规范》，其中就包括见到学生问好要立即回礼。我把这个规范张贴在了宣传橱窗里，和《学生礼仪规范》并列在一起，也让学生进行监督。

结果令人很欣喜。一段时间过后，教师反映师生关系有了很大改善。还是那位家长也给我发来了短信：孩子现在情绪好多了，也不胡思乱想了，一心扑在学习上，学习成绩提升很快。解铃还须系铃人，一个小小的改变，就会换来一个大大的改变。不就是对学生微笑一下吗？不就是对学生点一下头吗？不就是对学生问一声好吗？

在年终的学生评教活动中，我发现了一个普遍真理：满意率高的教师往往是注意尊重学生的教师，满意率低的教师往往是目中无生的教师；满意率高的教师的学科教学成绩往往是高的，满意率低的教师的学科教学成绩往往是低的。当我们的教师一门心思提高课堂效率、提高教学成绩时，是否想到了课堂以外的东西？是否想到了我们对待学生的态度？融洽的关系，存在于日常生活的点点滴滴，存在于日常生活的一言一行。

教师受学生尊重，学生也希望得到教师的尊重。人与人之间的关系就这么简单。我们不能以师自居，高高在上，在学生面前老是板着面孔，让学生敬而远之。为了进一步树立良好的师生关系，我给教师提出了课堂教学"五要""五问"：上课要鞠躬问好、下课要说"同学们再见"、解答问题要俯下身子、提问学生要面带微笑、课堂语言要文明;我的课堂语言得体吗?我尊重学生了吗?我为学生做了什么?我拖堂了吗?我还有哪些需要反思的地方?

教师的付出得到了验证。在一次感恩教育活动中,让教师一字排在学生面前。当主持人深情地说"看看鬓角发白的老师站在我们的面前,我们还有什么理由不去爱我们的老师"时,同学们纷纷走向前,与教师面对面交流,任泪水浸满脸颊,无声的语言溢满心田;学生家长也纷纷走向前,满含热泪,与教师握手、拥抱,对教师鞠躬……与会的教师流泪了,家长流泪了,学生流泪了。正如一位家长所说,当所有的孩子都站起来给家长和教师深深地鞠躬,大声说着"老师、妈妈、爸爸辛苦了,我爱你们"时,虽然听起来有些生硬甚至有些陌生,但无论说的人,还是听的人,竟然都止不住满眼的泪水。看着一张张满是泪痕的面孔、一双双哭红的眼睛,只能用一句话概括:"真挚的爱是人世间最伟大的。"

在一个大课间,我刚走到楼下,由于走得急,被两个学生撞了个满怀。两个学生一看惹了大祸了,一溜烟地跑掉了。当时我也没有过多地想这件事情。可是我刚回到办公室,就有人敲我的门,开门一看,是班主任领着那两个学生来了。"我要让他们给您道个歉。"班主任急匆匆地说。我说:"你先领着他们回去,我应先向他们道个歉。"我知道,过错不全在他们。后来,学生毕业离校时,其中撞我的一个学生给我留言:"老师,我还欠您一个道歉,对不起。"没想到,都过去两年的时间了,孩子还惦记着这件事。

我们欠学生一声问候,这不仅仅是一件礼尚往来的事情。把对孩子的爱融入学习生活的方方面面,这是关系育人的大事情。已经步入不惑之年的我,回顾学校生活,记忆最深的也莫过于教师对我的态度。哪怕是一件微不足道的小事件,比如教师的一句表扬、教师的一个微笑、作业本上的简短评语、和教师一起唱的一首歌……我都铭记在心。

记得爱因斯坦有句名言："所谓教育，就是一个人把在学校所学全部忘光后剩下的东西。"我想，教育所教给我们的不仅仅也不应该仅仅是知识，而是一种生活态度。我们如今的学校，过多地考虑了成绩和分数，很多时候忽略了一个学校真正能够带给学生思维方式的改变。那些死记得分的知识是越来越难以记住的，而剩下的品质才能决定一个人的未来。

为人师表不能只挂在嘴上。回礼不回礼的问题，反映在教师理念上，是对学生态度的问题；反映在教师素养上，是教师的师德问题。行动是最好的老师，榜样是最大的力量。连基本的礼节都不讲究，如何教育我们的孩子讲文明、讲礼仪？连你的学生都不理不睬，如何让你的学生去与你沟通交流？春风化雨，润物无声。学生品格是在潜移默化下形成的，教师就是催生学生品格形成的春风，就是滋润学生心灵的春雨。

时下，在三维目标基础上提出了核心素养。核心素养更直指教育的真实目的，那就是育人。核心素养包括了能力、品格。讲礼仪就是一种良好的品格。为师者，就应以身作则，率先垂范，甘愿化作春风和春雨，在教育这片希望的田野上，诠释教师这一"太阳底下最光辉的职业"。

好教师有"四有"标准，其中的"仁爱之心"就是要求为师者，要用自己的一颗真心培育爱的花朵，用自己的一份真情激发爱的温暖，用自己的一份真诚传播爱的信念。如此，学生幸焉，学校幸焉，民族幸焉。每一位教师都应慎言慎行，让遇到好教师成为更多学生的幸运。

校长要做"四有"教师的引领者

好老师的"四有"标准,即要有"理想信念、道德情操、扎实学识、仁爱之心"。这一标准为教师教育的培养指明了方向。作为一校之长,更应深刻理解教师的职业发展内涵,率先垂范,以身作则,引领教师成长发展,锻造优秀的教师群体。

首先,要做理想信念的引领者。自觉践行社会主义核心价值观,追求理想,矢志不渝。要追求教育理想,以办人民满意的学校、人民满意的教育为己任,做理想的教育;要坚定教育信念,勇于担当,尽职尽责,筑牢校长魅力的基石;要忠于教育事业,把自己的教育梦想与全体教师的教育梦想融为一体,凝聚筑梦、追梦、圆梦正能量。

其次,要做道德情操的引领者。校长的道德情操是校长的核心品质。其身正,不令而行;其身不正,虽令不从。要热爱教育,把教育作为一种职业追求,远离功利,彰显奉献之美;要讲究修养,把修养作为一种道德追求,弘毅崇善,彰显道德之美;要知行合一,把律己作为一种人格追求,表里如一,彰显行为之美。

再次,要做扎实学识的引领者。校长的扎实学识要求自身不断地学习。要在教育教学理念上领先一步,与时俱进,更新自己,始终站在教学改革的前沿,做智慧型校长;要在教育教学实践上领先一步,在探索中积累,在创新中发展,树标杆,做示范,做专家型校长;要在学识水平上领先一步，须具有渊博的知识、开阔的胸怀，以适应信息时代下瞬息万变的新形势，做学识型校长。

最后，要做仁爱之心的引领者。校长的仁爱之心体现在真诚地尊重教师。要用一颗虔诚之心倾听教师的心声，走进教室、走进课堂、走进教研一线，与教师进行心灵与心灵的对话，沉下身子，甘为"学生"；要用一颗虔诚之心理解教师的甘苦，想教师之所想，急教师之所急，嘘寒问暖，甘为"后勤部部长"；要用一颗虔诚之心关怀教师的成长，宽容教师成长中的失误，以心交心，甘为"知心朋友"。

著名教育家陶行知先生说过："校长是一个学校的灵魂，要想评论一个学校，先要评论他的校长。"培育"四有"好教师，建一流教师队伍，办人民群众满意的学校，校长责无旁贷。

好校长心中装的是孩子

"校长爸爸"莫振高在30多年的教育生涯中,四处筹集善款,已帮助上万名山区贫困学生继续学业,受千万人敬仰。何以如此?我想,一位真正的好校长,心中始终装的是孩子。你看,学校的点点滴滴,莫振高都要管:冬日太阳升起,莫振高一遍一遍地催着大家晒宿舍棉被;学生做操时被雨淋了,广播里会传出莫振高的声音"食堂为大家准备了姜糖水,请淋了雨的同学去喝。"即使临终前躺在病床上,莫振高还专程打电话回学校,要求食堂为高三学生免费煮汤圆。这就是我们心中的好校长,孩子心中的"好爸爸"。

时下,很多专家学者对好校长的标准下过许多定义:如优秀校长具有非凡的领导力、独特的个人魅力,是充满智慧的管理者,是师生的领路者。早在2013年教育部颁布的《义务教育学校校长专业标准》,对校长专业标准的内容提出了5个基本理念:以德为先、育人为本、引领发展、能力为重、终身学习;6项专业职责,即"规划学校发展、营造育人文化、领导课程教学、引领教师成长、优化内部管理、调适外部环境"。校长的专业标准对教师队伍建设无疑发挥了重要作用。我想,好校长首先是必须心中有爱。心中有爱是判断校长是否合格的第一标准,也是校长是否有人格魅力的第一把尺子。很难想象,一个心中没有学生的校长,怎么能成就一所好学校呢?学校的主体是学生,舍此,办学将毫无意义。

我们说校长的权威不是来自校长的称号，也不是校长手中的行政权力，而是校长高尚的人格魅力。一个好的校长，应不为私所诱、不为利所诱，应为学生的成长殚精竭虑。只有懂得了学生，才算真正懂得了教育。所以，一个值得学生尊重的校长，一定是爱教育、爱学生的。李希贵校长在《李希贵学校管理沉思录》中说，校长心中始终要有学生。作为一校之长，在学校能把学生始终放在心中已属不易，在校外心中还能想到学生更是不易，而李希贵校长做到了。其实，校长是孩子的家长，家长就应该心中始终想着自己的孩子。

再来看看莫振高校长，近10年来，他先后筹集3 000多万元善款，资助1.8万名贫困生圆了大学梦。在家人、群众和贫困山区孩子眼中，他是一个"总是惦记着山里贫困孩子"的"校长爸爸"，一个被瑶山的孩子称作"莫爷爷"的好心人。这样的好校长怎能不让人尊敬和爱戴？但愿我们的校长也能放下架子，走近学生。下雨时，为孩子撑上一把伞；孩子哭泣时，拭一下孩子满脸的泪水；课间时，也到孩子中间玩玩游戏、聊聊天……

好校长能成就好学校，更能成就好学生。这一点，我深信不疑。

"错字落聘"折射出的是一种文化危机

大学毕业的小蔡，怎么也没想到，应聘好不容易进入复试阶段，竟因为一份手写的简历，直接被公司拒绝。经询问后得知，原来小蔡在400字的简历里，竟写了24个错别字，这也成了公司人事主管拒绝她的重要理由。（据《重庆晨报》）

我是做教师的，看到这则新闻，不禁"红了脸"，也"出了汗"，更"坐不住"。堂堂一名大学生，一份手写的400字简历里，竟有24个错别字，问题到底出在哪里？是她本人，还是她就读的学校？抑或社会环境的影响？无论问题出在哪里，大学生"因错别字落聘"绝非小事，它如同一滴水，实实在在地折射出一种文化危机。

文化危机首先表现在文化认可的危机，其次表现在文化践行的危机，最后表现在文化普及的危机。中国传统文化是民族的根基与血脉，没有自己的特色，国将不国。汉语是祖宗留下来的文化遗产，规范汉字书写是中华厚重文化发展的呈现，我们都有责任保护。一要创造氛围，培育汉字书写环境；二要学会欣赏，激发汉字书写兴趣；三要注重教育，提升汉字书写能力。要让中国的语言文化融入世界语言文化，并且使之成为世界语言文化中的一颗璀璨的明珠。

有人说，网络文化冲击了语言文化。其实，两种文化并非相悖的。关键是看我们有没有维护民族文化的意识，有没有维护民族文化的责任感，有没有维护民族文化的忧患意识。学校作为传承文化、弘扬文化的重要阵地，莘莘学子理应担当重任，成为文化传播、文明传递的生力军，成为规范汉字书写的示范者、传播者。

我们不要把汉字书写仅仅看作是一种学习需要，更应看作是一种文化修养。提高全民族的文化竞争力，需要提高全民族的文化修养，作为中华民族的一份子，我们责无旁贷。

学校教育当去伪存真

著名教育家陶行知先生说："千教万教教人求真,千学万学学做真人。"道出了教育的本质——真。学校是教书育人的地方,做教育不是做给领导看的,学校领导也好,教师也好,要有做真教育的良知和担当。如今,面对教育现状,我们深深感到陶行知先生教人求真、学做真人的教育思想愈来愈显示着它永恒的价值。

要去伪存真,就要还教育以"实"。要多研究如何搞好学校管理,少研究如何迎接上级检查;要多研究如何提高课堂效率,少研究如何弄出"花样"出彩;要多研究在教育教学中如何处理师生关系,少研究如何处理与上级部门的关系。要去掉课堂的作秀、校本课程展示的作秀、减负的作秀,还教育教学的常态。教育不是T型台,不是表演,不需要搞得热闹非凡,我们需要的是静下心来沉下去,一步一个脚印地真抓实干。

要去伪存真,就要还教育以"静"。要少练"折腾功",学习教育常识,按教育规律办事,不要朝令夕改,不人云亦云;要少练"应付功",做符合学校实际的事、符合学生实际的事、符合教学实际的事,不看领导眼色行事,不以领导喜好行事;要少练"虚功",做对教育事业有用的事,不刮"虚夸风",不做"浮夸事"。学校不仅是一片净土,也应是一片静地,只有专心研究教育,才有教育教学质量可言,否则我们就会耽误学生。

　　学校教育是为学生的人生奠基,是一项千秋大业,绝不是一种流行时尚。教育最基本的问题是尊重教育常识,不能违反教育常识。

以陈毅精神建校育人　全力打造首善学校

陈毅中学具有鲜明的人文特色和丰富的文化内涵。学校紧紧围绕"以陈毅精神建校育人"的办学理念，以"弘毅励志"为行动基础，以"爱国明德"为修身目标，以"勤勉尚学"为教风学风，以"笃行创新"为教育理想，全力打造首善学校，创办人民满意的教育。

一、强化文化引领，打造首善教育

1. 景观文化特色鲜明

徜徉在陈毅中学的校园里，到处都能感受到迷人的魅力：元帅广场，气势恢宏；福根历史，催人奋进。学校以校园景观为阵地，以仲弘楼、福根楼为标志，形成了具有特色的校园文化。

2. 活动文化内涵丰富

学校通过"争做陈毅奖章标兵、争创陈毅奖章班级、争创陈毅勋章教师"的特色育人活动，让陈毅精神入心入脑。并以此为载体，广泛开展"阅读陈毅书籍""讲述陈毅故事""弘扬陈毅精神"一系列教育活动。每年一度的"陈毅之星"奖章颁奖，让陈毅精神融入学生灵魂深处，影响一届又一届的陈毅学子。

3. 课程文化浸润心灵

升国旗课程，分专题讲陈毅故事，悟陈毅精神，组织全体师生宣誓，鼓舞师生，提振精神；"文化午餐"课程，每天下午课前时间的学生宣誓、唱班歌、激情3分钟演讲、静心1分钟，将班级文化融入学生行动；阅读课程，用活学校总图书室资源、建立级部流动图书室、丰富班级"图书角"，落实书香校园建设，践行读书育人的课程理念。

二、加强研训一体，打造首善教师

1. 搭建教师专业发展的平台

一是走出去。2013年，学校先后派出100多人外出学习，参加全国新教育实验年会、全国语文教师培训、全国尝试教育培训、魏书生报告会等，并到泰安南关中学、泰安第六中学、肥城市龙山小学等参观学习，开阔了教师新视野。二是请进来。学校特邀新教育研究院卢志文院长、肥城市龙山小学颜世民校长等来校做报告，对于教师发展自我、实现自我成长产生了积极影响。

2. 与兄弟学校结盟，建立"教师成长共同体"

2013年的9月—10月，学校先后组织了与汪洋中学领导班子管理经验交流、骨干教师送课活动、骨干教师共建交流研讨、青年教师专业发展共同体成立大会暨读书成长报告会，以及"同课异构"交流展示等五次联盟教学研究活动。

3. 搭建数码教研社区。学校搭建教学备课资源库、QQ教研群、网络教研平台、教师博客、视频资源库五大数码社区，让教师可以享受"五位一体"一站式服务。在此基础上，学校开展每位教师打造一节公开课活动，将公开课视频挂在学校网站上，供磨课交流，教科研水平有了新的提升。2013年7月，学校教师陈先锋代表山东省参加"语文报"杯全国课堂教学大赛，获一等奖。截至目前，学校共有100余人次在省、市级赛课舞台上载誉而归。

三、缔造完美教室，打造首善班级

1. 创设文化氛围，塑造魅力教室之"形"

各班精心设计班级愿景、班训、班歌、班徽、班名等班级文化符号。学校定期组织完美教室缔造、班级文化建设验收评比，涌现出一批特色突出的完美教室。例如，初一六班李传星老师的"弘毅班"，以"陈毅精神激励我们前进"为主题，对班内文化进行设计，包括陈毅故事、陈毅诗词等栏目，丰富了班级文化内涵。

2. 开发班本课程，挖掘魅力教室之"魂"

学校开发设立了关心集体、关注他人、关爱自己系列"三关"课程；王艳萍老师的晨曦班，开发了自主管理课程、阅读课程、电影课程、节日课程、生日课程、实践课程等，培养学生的综合能力和特长。

3. 设计魅力教室成长相册，积淀魅力教室之"韵"

各班精心设计班级文化，用相机和笔记录魅力教室内发生的点滴变化，以及学生成长中的每一件小事、每一个情节。孟锦老师的启航班的教室在全国新教育年会"十佳完美教室"评选中获提名奖，成为新教育实验的榜样人物。

四、推行自主教育，打造首善学生

1. 管理自主

学校实施了"横到边、纵到底"的班级自治两条线管理法：一是纵向管理，即班干部管理线；二是横向管理，即小组长管理线。小组成立后，各组选举本组的学生组织机构，做到组内人人有职务、人人有责任、人人都管别人、人人都被人管。班主任与包班教师随时收集学生信息，针对突出问题制订教育方案，实施重点教育，并在学期末完成各自负责维度的综合素质评定。

2. 作业自主

根据各级减负文件精神，学校采取积极措施，实行"作业超市"制度，由向作业要质量转向向课堂要效率。学生根据自己当天的学习情况，选择适合自己的作业。为了有效监督"作业超市"制度的落实情况，学校建立了"作业超市"家校联系记录本，在学校网站开辟"五公开"专栏，对作业实行网上公示。《齐鲁晚报》《莱芜日报》《赢周刊》等新闻媒体，给予了广泛关注。

3. 评价自主

学校将评价作为引导学生成长的"导航仪"，构建学生自我发展性评价体系，提高导航的线路规划能力，引导学生立足自身轨道，规划自己的发展线路，实现个人最优发展。2013年，在山东省初中生创新实验大赛中，学校获得了四个一等奖；陶婧泽同学获全省朗诵大赛二等奖、市朗诵大赛一等奖；射箭队参加全国射箭比赛获第8名；学校被推荐为全国汉字书写大赛参赛单位。在2013年全国各学科高中生学科竞赛中，学校有6名优秀毕业生分获数学、物理、信息学一等奖。

下一步，我们将按照区教育局建设"书香莱城、幸福教育"的要求，建机制、抓落实、创特色，努力办好人民满意的教育，为建设"首善之区、教育强区"作出新贡献。

横平竖直写字　方方正正做人

2001年，为贯彻落实《中华人民共和国国家通用语言文字法》及《山东省实施〈中华人民共和国国家通用语言文字法〉办法》，深入实施素质教育，进一步落实语文课程标准，寻求提高教育教学质量的现实路径，学校本着"高眼界思考，低抓手做事，小角度切入"的办学思路，将汉字规范书写习惯教育纳入重要议事日程，采取有力措施，开展系列活动，开创了语言文字工作的新局面，形成了"横平竖直写字，方方正正做人"的办学特色。

一、打造书写课程品牌，搭建学生展示舞台

2001年3月，学校调研发现：学生汉字书写的状况不容乐观。这引起了学校的高度关注，在"望闻问切""寻证求方"的过程中，学校首先提出了"提笔即练字"的总体要求，从作业的书写质量抓起，将书写水平列入作业评价的指标，并印制了硬笔书法训练用纸，每周发给学生一页，让学生模仿字帖书写，教师及时给学生做出评价。经过一段时间的专项治理，学生的书写水平大幅度提高。

2003年，学校进一步认识到，仅靠专项治理难以做到语言文字工作的常态化、制度化，于是学校语言文字工作委员会（以下简称"语委会"）克服课时紧缺、经费不足、师资力量不充裕等困难，为学生配齐

了习字教材，统一印制了习字本，正式开设了汉字硬笔书写课，每周一节，雷打不动，数年如一日，默默坚守传统文化的阵地。习字课上，学生或津津有味地观看名家视频，或聚精会神地进行书写练习，或气氛热烈地讨论交流，或争先恐后地展示自己的作品……学生的书写能力得到了系统的培养，横平竖直写字已经成为学生的良好习惯。如今，汉字硬笔书写课作为陈毅中学的精品课程之一，受到了广大师生和家长的欢迎。2009年，在莱芜教学工作会上，教育局领导对学校的汉字书写课程给予了高度评价，认为特色凸显、富有成效、值得推广。

另外，学校还自主开发了"阅读启迪心智，经典浸润人生"的语文系列校本教材，其中都设计了田字格，提倡晨读、午写、暮省，有机地将背诵、书写和自我反思结合在一起，真正做到"意美以感心，音美以感耳，形美以感目"。

为了检验学生的练字效果，学校经常组织展示活动，为学生搭建展示的舞台。学校开展创建规范化班级活动，将说普通话、写规范字纳入班级考核，形成班级申请—语委会验收—挂牌—不定期检查的创建程序；每年全国推广普通话宣传周期间，学校都组织书法比赛；每学期期中、期末，学校都组织学生全员进行作业展评活动；每年5月定期举行的"学生综合素质展示月"活动，学校都将规范书写列入展示计划。2006年起，陈毅中学特色奖项——福根奖，以及在特长学生的评选条件中也增加说普通话、写规范字的要求。学校还经常组织学生参与上级部门组织的各种比赛活动，学校学生在市、区教育局组织的书法比赛中获奖比例高居榜首。2008年，在第十四届全国中小学学生绘画书法作品展中，王子初、张紫荷等5名学生分获一、二等奖；2009年，在莱芜文化艺术节大赛中，李军绪、孟涵、吴雪琪等12名学生的书法作品获奖，其中李军绪获全国首届汉字书写大赛山东赛区三等奖；2010年，李军绪、刘君政等同学在莱芜汉字书写大赛中获一等奖，其中李军绪获第二届汉字书写大赛山东赛区一等奖并参加全国现场复赛。在近几年市、区教育局组织的学生综合实践活动展示中，学校学生的书法作品受到了有关领导的广泛好评。

铁打的营盘流水的兵，但是因为我校开发的特色课程，一届一届的陈毅学子都牢牢记住了一句话："横平竖直写字，方方正正做人"。

二、立足岗位苦练技能，提高教师书写水平

写好字，是一名教师必须具备的基本功之一。20世纪90年代，莱芜区教育局推行"五项素质达标"活动，其中汉字的规范书写是重要内容。我校教师积极参与该项活动并将活动的精神继承下来。在电脑、多媒体设备尚未普及的年代，教师的练字热情很高，汉字的书写也保持在较高水平上。

2003年，学校为每位教师配备了一台电脑，每间教室都安装了多媒体设备，并推行电脑备课。便捷的科技设备极大地提高了教学效率，一时间，制作课件利用多媒体上课成为教师的新追求。但是，"键盘时代"的到来，使粉笔、钢笔、毛笔"三笔字"似乎成了遥远的历史，部分教师甚至长期不写板书，书写水平出现了下滑趋势。面对新情况，学校适时调整管理思路，明确提出：先进科技是繁花，中华文化是根脉，电脑必须要用，但是传统的汉字书写决不能丢。于是，久违的练字小黑板又出现在师生的视野中，教师办公室里键盘、鼠标与粉笔、黑板共同构成了新时代的办公协奏曲；每学期伊始，教师手里又有了本书法练习本；2010年，学校编印《教师素质发展手册》，其中设计了田字格，每天一页，从不间断；每周教师例会，在通报常规资料检查结果时，是否规范书写也被列入通报范围。

学校还广泛开展粉笔、钢笔、毛笔"三笔字"培训活动，学校提供专门的学习场所和学习内容，要求教师主动参与学习、主动进行专业

训练，学习期间有专人考勤，结果记入教师学习学分，发放继续教育证书。仅2009—2010学年，学校已累计播放学习内容30多个课时，聘任专门培训人员8人。2010年，学校还组织了第一届汉字硬笔书写课优质课评选活动。在课题申报的过程中，学校也将汉字书写研究纳入课题研究范围，由郑希刚、陈先锋主持的课题"规范汉字书写的现实路径"被市语言文字工作委员会办公室正式立项。

为进一步提高教师的基本素质，增加校园书法艺术氛围，2010年12月，学校成立教师书法学会，会员达58人。书法学会定期组织活动，相互切磋技艺，促进学校教师书写水平的提高。其中，李佃会、左致权等教师被莱芜市书法协会吸纳为会员。

三、加强校园环境建设，积极营造良好氛围

学校把语言文字工作与校园文化建设结合起来，校园内设有固定的宣传标语、张贴画、指示牌。2010年，学校对校园宣传标语进行了重新规划，从校园草坪到学校操场，从办公楼到教学楼，从办公室到教室，乃至实验室、图书室，都配齐了规范使用语言文字的宣传标语，实现了"宣传全覆盖，规范入人心"的建设目标。

学校还通过校园广播站、电视台、网站、宣传栏、黑板报、主题班会等各种渠道和方式，多管齐下，大力宣传语言文字工作。校园内，目之所及、耳之所闻，无不受到普通话和规范字的熏陶，讲普通话、写规范字、做文明人已经成为全校师生的共识。不仅如此，学校还通过家长委员会这一桥梁，向学生家长发出倡议，实现了语言文字工作由校内向校外的延伸。

四、巧借汉字规范书写，砥砺师生高尚品格

人练字，字也练人。在建设规范汉字书写教育特色学校的过程中，

我们最大的收获就是以实际行动发掘出汉字规范书写独特的教育功能。

首先，汉字是中华传统文化的重要载体，中华文明能够薪火相传，汉字功不可没。通过规范汉字书写，可以让师生继承传统，进而热爱祖国文化。持之以恒地练习汉字书写，不仅能让师生练出过硬的书写技能，更能练出一颗炽热的中国心。

其次，规范汉字书写提高了师生的审美鉴赏能力。广大师生在心摹手追的书写过程中，感受着汉字流动的线条美和造型美，进而在点画之间透出人性的重量和质感。

最后，规范汉字书写不仅可以帮助师生识字、理解字义，而且能够培养师生行动有序、做事细心的行为习惯，持之以恒、锲而不舍的进取精神，全神贯注、一丝不苟的严谨作风。不但在写字上是这样，在学习、工作上都会有潜移默化的影响。

乘借本次创建国家级规范汉字书写教育特色学校的东风，陈毅中学将进一步落实国家语言文字方针政策，把汉字规范书写教育作为陈毅中学教育教学工作的重要组成部分，并使之常规化、制度化、规范化，将学校"横平竖直写字，方方正正做人"的办学特色提升到一个新水平，为语言文字工作作出新的贡献！

让教育充满生命的活力

在嬴牟大地,提起"生命化教育",人们马上就能想到陈毅中学。经过十余年的悉心研究和探索实践,生命化教育已经成为陈毅中学的品牌之一。回首改革的历程,陈毅中学教育教学改革的思想渊源与脉络走向清晰可见。

1993年5月,学者黄克剑先生提出教育是"对人的成全"的话题,认为"教育所要做的事可以放在三个相贯通的层次去理解,即授受知识,开启智慧,点化或润泽生命",这是生命化教育的胚芽。2001年,黄克剑先生对"生命"之意味表述得更详尽,奠定了生命化教育的理论基石:生命化教育是一种成全。"成全",首先是顺其自然的意思;其次,要从"自然"中引出"应然"来,以对受教育者做应然的导向,这种引申于自然的应然不悖于自然,却又是对拘受于原初天性的那种自然的一种超出;最后,"成全"还有一层意思,那就是对受教育者的尽可能大的自主性的倚重。

回到中国的语境,回到教育的立场,回到具体的学校,回到具体的个人。这是生命化教育的理论前提和依据。现在来看,陈毅中学的教育教学改革正是有意或无意地以这四个"回到"为指针,踏踏实实地践行着生命化教育的理念。

一、第一个阶段：初期探索

1997年，城内学校取消晚自习，规定一出台，舆论哗然，人们纷纷质疑："学生在校学习的时间缩短了，学校的教育教学质量如何保证？"当时，学校领导和教师也觉得这是一个棘手的问题。后来，受牟平大窑中学编印预习提纲的启发，毕业班的部分教师开始尝试编写预习提纲，以指导学生晚上在家学习。由于有了提纲的指导，学生的自学效果得到了有效的保证，部分学科的教学成绩有了质的飞跃，预习提纲的作用也引起一部分教师的注意，部分骨干教师开始潜心思考其中的道理，摸索其中的规律。

二、第二个阶段：学案导学

经过6年的不断尝试、不断归纳，学校发现编写预习提纲，抓好预习，可以有效地提高教学质量。于是，从2003年开始，学校在毕业班的所有学科中推行了以先学后教为主要特征的学案教学。创新孕育希望，由于实施了学案教学，从2003届到2005届学校毕业班连创佳绩，学案教学成为学校减负增效的制胜法宝。

三、第三个阶段：生命化课堂教学研究

在学案导学研究的总结会上，学校在肯定成绩和经验的同时，又指出了三个新问题：一是教学环节比较混乱；二是班额大，难以面向全体；三是课堂仍然缺乏生命的活力。针对这三个问题，学校全面分析了洋思中学和杜朗口中学的办学经验，经过反复研究和论证，学校认为在以人为本的时代，教育期待生命的回归，让教育与生命同行、成为关注生命的事业，是教育教学发展的必然选择，也是教育者为之奋斗的目标。课堂恰恰就是为这一目标而服务的，课堂是"思维场""情感

场""活动场","知识课堂"必须要转变为"生命化课堂"。

四、第四个阶段：生命化课堂教学改革的深化

2009年，为进一步深化生命化课堂教学改革，学校开始了"如何提高教学效率"的问题研究。单元主题教学设想应运而生，深化了生命化课堂教学改革的内涵。

2010年3月，陈毅中学再次提供莱城区教学现场，地方课程教研组展示了一套极具使用价值的三段式单元主题教学模式。2010年5月，学校"初中英语'自学—交流—展示'课堂教学模式研究"课题被立项为中国基础教育英语教学研究资助金项目，中国基础教育英语教学研究资助金项目科研管理办公室主任陈晋华女士、《学英语》报社王秀明主任、市教研室邹元程主任出席了课题开题暨科研基地挂牌仪式。2010年6月，"尝试教学全国示范实验学校"也在学校挂牌。以上成果根植于我校生命化课堂教学改革的肥沃土壤，是学校生命化课堂教学改革深化阶段取得的丰硕成果。

孔子说，"从心所欲，不逾矩"。"从心所欲"是无上的自由境界，而"不逾矩"则是为获自由而必须付出的代价。教育的"矩"是什么？也许就是对教育本质的深刻理解，也许就是对学科特点的精准把握，也许就是教师得之于心并付诸行动的教学艺术，也许就是所有绚烂都退场之后的平淡与真淳。

2011年初，陈毅中学再次总结教育改革成果，对待这些成果，我们就像对待自己的孩子一样，盼望着别人真心实意地称赞，也盼望着别人直言不讳地批评，称赞足以让我们感到欣慰，批评又能让我们警醒、使我们进步。我们回忆着过去的点滴甘苦，憧憬着未来的美好图景，然后低下头来、静下心来，又开始了新的征程。

以明确的价值取向，引领师生寻找最美的自己

2013年，时值学校发展的关键时期，我从分管教导处和政教处副校长职位，上任履职陈毅中学校长。几年来，我始终坚守这样一种信念：一个校长一定要有自己的思想价值，因为校长的价值取向就是一所学校的灵魂。为此，我以学校发展和师生成长为己任，严于律己，以身作则，规范办学，依法治校，不断学习、探索和实践，团结带领学校一班人，在短短几年的时间里，实现了学校的新跨越、新发展。

一、弘毅文化，引领学校价值理念新取向

陈毅中学有着深厚的文化、辉煌的历史、卓越的成绩。在这样的学校担任校长，肩上的责任可想而知。上任后，我一连几天没有睡过一个好觉。学校荣誉室里的各种锦旗、奖牌，像一面面镜子时刻警示我：只有解放思想、致力创新，才能不负莱芜人民之重托。于是，我全面系统地研究学校的历史和人文资源，深入细致地分析学校现状和发展前景，开始学校文化价值的构建，提出了"弘毅尚学，崇善启新"的新校魂，完成了以弘毅文化为核心的学校文化顶层设计，让广大师生对学校培养什么人、怎样培养人，提倡什么、反对什么，有了更加清晰的认识。

弘毅文化体系确立后，我又对学校工作进行了深入思考和深度构建，以弘毅文化引领教师发展、环境建设、课程建设、课堂构建、学生评价。2014年10月，学校为全国第六届学校文化建设实施战略研讨会提

供了现场。2015年5月，学校成功承办山东社科论坛"美丽校园建设暨陈毅中学校园文化SIS体系导入会"，学校文化建设的新成果得到与会领导和专家的一致认可。2015年10月，我应邀参加了全国第七届学校文化建设实施战略研讨会，并作典型发言，学校文化建设经验逐步推向了全省乃至全国。

上任伊始，压力和挑战考验着我。我在与教师心交心的畅谈中感觉到，部分教师缺乏为师的尊严感和幸福感。在这样的背景下，我提出垂直管理与扁平化管理有机融合、人文管理和制度管理和谐统一的制度文化。主持制订了陈毅中学工作规划手册，实施全员育人制等特色管理制度，教师愉快上岗、履职尽责，良好的校风逐步形成。为给教师工作积极性再添一把火，2015年我又主持完成了包括陈毅中学管理干部考核方案、教师考核方案等内容的陈毅中学管理制度汇编。

每项制度的形成，都广泛征求群众意见后才正式实施，具有扎实的民意基础。各项规章制度的不断完善和有效实施，让陈毅中学走在了健康、持续发展的良性轨道上。

二、课程超市，让每个学生奏出自己最强音

发展学生的核心素养，是新课程的价值取向。时下，很多校本课程有其名而无其实。为了实现校本课程既与国家课程、地方课程互补渗透，又与学校实际、学生实际有效对接，我提出了构建超市化课程体系的思路，培养"合格+特长"学生，引领学生的后续发展。

一是培养合格学生。实施国家课程校本化，优化国家课程结构，实现减时增效。通过艺术素养课、体育素养课、级部大体育、阳光大课间，培养学生的团队意识和合作意识。设立"综合大选修"，采取走班选修、分层教学办法，有效地解决了学生学科发展不平衡的问题。构建学生成长课程，通过实施入校课程、开学课程、14岁集体生日课程、毕

业课程、校园卫士体验课程等，促进学生的精神成长。

二是培养特长学生。开展特长大选修活动。特长大选修突出学生的个性发展，每个级部都规划了30余项艺体、实践、文化视野拓展类选修内容，充分展现和提升学生的个性特长。2015年9月15日，在第一届全国机器人大赛上，我校取得最佳表演奖的骄人成绩。2016年6月，学校陈毅文学社的高才洪等6名同学的诗歌作品在《山东文学》发表。

近年来，很多从我校毕业的优秀学生，也因其全面的素质、突出的特长，走进了全国重点大学。丰硕的活动成果，让我们品尝到新课程催生的喜悦，私人订制的超市化活动课程，成为宣传学校弘毅教育特色的"名片"。

三、校本教研，建构和谐共振的生态课堂

2013年11月，我在学生中进行了"你喜欢什么样的课堂？"的调查。分析发现，学生特别渴望"开放式课堂""互动式课堂""体验式课堂"。这正是有效课堂构建的价值取向。学生的要求就是我们努力的方向，于是我站在学生的角度来重新审视学校生命化课堂改革的每一步、每个环节，经过调研、论证和实践，推出"三环四式"课堂教学模式。为了扎实推进课堂建设，由我主持承担山东省教育科学研究所重大攻关课题"基于翻转课堂理念的'三环四式'课堂教学模式研究"。

为了进一步探索和实践这一研究课题，积极推进以微课程为基础的翻转课堂探索与研究，学校将学案改为微课程与导学案相结合，改变原有的学案预习模式；将每周一第四节课定为教研例会，雷打不动；将每周六定为弘毅论坛日，开展教师培训项目。没有高规格的展示舞台，就没有教师的专业成长，就没有学校的深度提升。上任以来，我先后搭建起山东省课题研究中心、山东省学校文化研究院、全国名师名校联谊会、全国微课联盟等七大教育专家平台。2015年7月，在全国第三届课程改革节上，我校教师参与了数学课、道德与法治课的说课活动。2015

年12月26日，在第十二届中国新教育发展论坛年会上，学校有2位教师分别参加了演讲大赛和名师上课绝招大赛。2015年下半年，陈先锋、张华、杨麦之3位教师作为中国新教育研究院特聘智库专家，先后3次到河南汤阴指导课堂教学。2016年1月4日，在全国本真教育信息技术支持下的翻转课堂研讨会上，4位教师参加了"同课异构"活动。

如今，广大教师已从有效课堂构建中得到有益启发，甚至一些从教多年的老教师也满怀"二次创业"的激情，从课堂教学改革中脱颖而出，尽情享受智慧沉淀的快乐与自豪。

四、融合创新，抢占学校教育发展制高点

早在2013年，我就开始思考：如何在学校现有的基础上推进信息化向现代化方向迈进？为了利用现有信息资源，我潜心研究，寻找结合点和突破点，提出了"'互联网+'智慧教育"的信息化教育思路。不过在当时，许多教师，尤其是一些中老年教师对此有抵触情绪，信息化教学推进步履维艰。但学习革命的变革，容不得我们坐等观望。我亲自带队，前往山东大学附属中学学习取经，听课、听报告、研讨、交流；学校派遣教师前往山东大学参加全国性的信息化教学研讨会，面对面与专家对话；我还多次给教师进行信息化操作与应用方面的培训。2016年元旦假期还未结束，我和十几名教师就踏上了去齐河县第三中学的路途。学校的马学斌、刘淑红老师与全国名师一起进行了电子书包同课异构大比拼。两位教师的精彩展示，得到了与会专家的高度评价，大大增强了学校建设智慧校园的信心和决心。如今，陈毅中学信息化建设取得丰硕成果，主要体现在以下三个方面。

一是构建课堂教学"三模式"，让高效互动、资源共享、无界互联成为课堂新常态。学校加快基于Pad与无线传输技术的互动教室建设，成立4个互动教室和1个多功能录播室，实现Pad教室的教与学；在非电子书包班，学校拆除了老旧的电脑与投影仪，配置了无线投影系统，实现了教师Pad下的教学与资源利用；同时，学校还利用QQ群和人人通平台，实现了学生学习的无界互联。

二是搭建校本资源"四社区"，让资源共享，使之成为教师成长新路径。教与学服务社区，实现了资源共享、教学创生、在线检测；网络教研社区，能够及时交流、共享教学心得、反思教学过程；智慧教学数据分析社区，为教与学科学定向；微信教研社区，实现了教师的泛在教研。

三是打造网络媒体"五平台"，让即时交流、多元展示成为师生发展新策略。学校立足网络媒体，着力打造人人通平台、网络电视台、网络校刊、微信平台、师生博客群，在推进校园文明建设、倡导优良校风和普及科学知识的同时，为师生搭建起成长与发展的新平台。

学校信息化建设成果引起广泛关注，教育部、省、市、区各级领导多次到陈毅中学调研指导工作。我校的信息技术与教学融合创新工作，为全市教育教学信息化蹚出了路子，创出了经验。2016年4月，学校成功承办莱芜市信息技术与教学融合创新现场会，市、区教育局领导和教育同仁到会指导，并给予了充分肯定。

总之，担任陈毅中学校长以来，我以校长的价值思维、创新的工作，赢得了广大师生的拥护和信赖，学校的社会声誉日益攀升。学校先后获得了"全国群众体育先进学校""山东省中小学课堂文化建设重点实验学校""莱芜首届群众满意的学校"等荣誉。学校在发展，教师在成长，学生在进步，我也得到了历练和提升，我本人先后获得了全国科教先进校长、全国新教育实验智慧校长提名奖、莱芜教育教学管理工作先进个人、区优秀教育工作者等荣誉称号。

我深知，面对教育新常态，学校发展任重道远。我将自觉践行"两学一做"，努力发挥校长的价值引领作用，继往开来勇担当，与时俱进创一流，为教育事业发展作出新贡献！

新的育人观

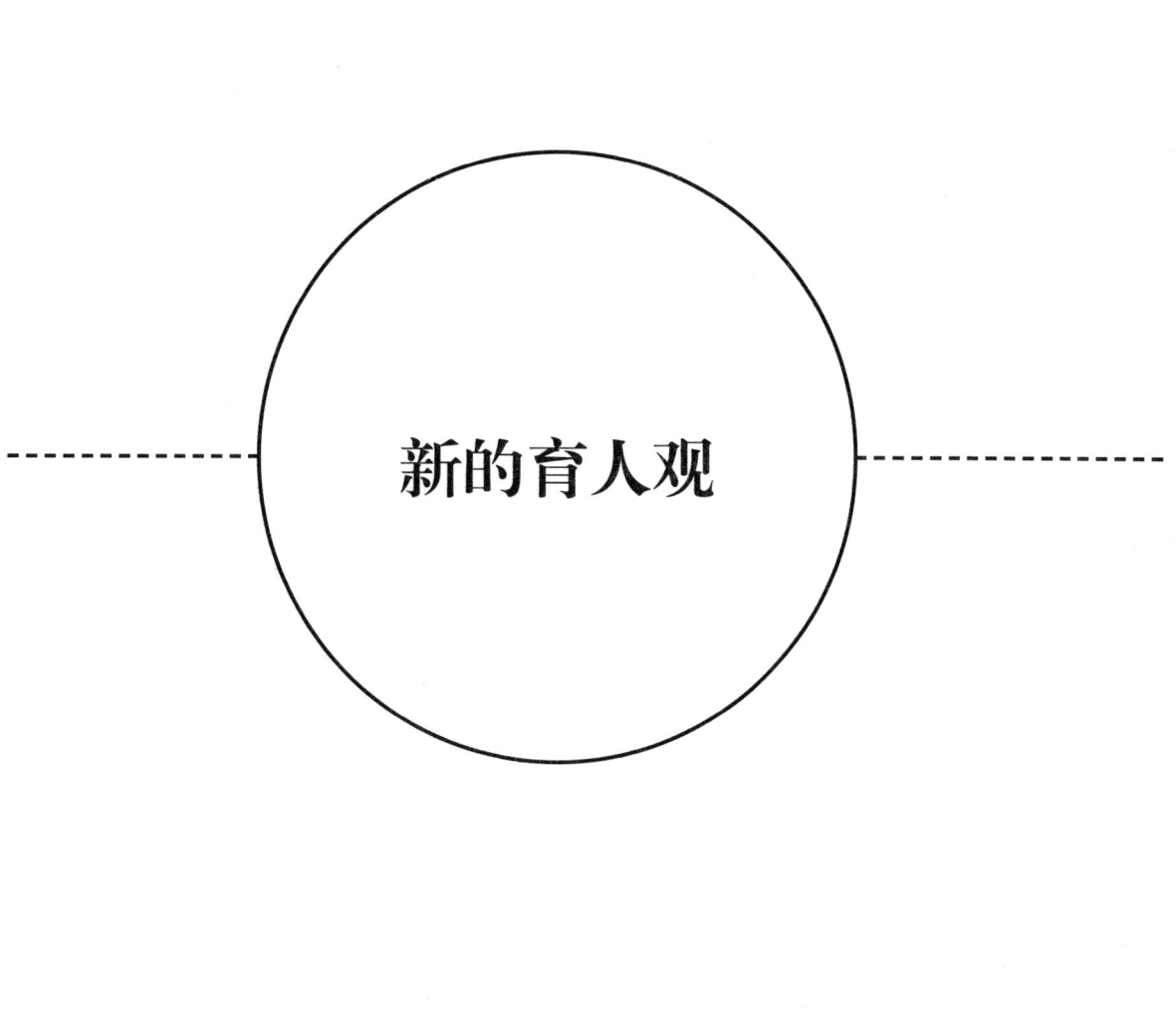

"三个延伸"构建德育新机制　培养新时代新公民

德育是素质教育的首要目标，是全面实施素质教育的关键环节。面对未成年人思想道德建设中不断出现的新情况、新问题，陈毅中学努力践行"贴近学生做德育，让每一个孩子过上幸福完整的教育生活"的办学理念，动员多方力量，整合多种资源对学生进行思想道德、心理健康、行为规范等方面的指导，精心运作实施"三个延伸"育人模式，实现了德育人员由单一的班主任个体向家长、社会人员的延伸，德育途径由单纯的学校教育向学校、家庭、社会等全程教育的延伸，德育内容由单纯的学习教育向学生生活、心理、学习等多领域教育的延伸，从而构建起"凝聚合力、构建网络、培植优势"的德育工作机制，取得了明显的育人效果。

一、倡导三个"走向"，凝聚德育育人强大合力

1. 德育育人从班主任走向学科教师

随着陈毅中学社会知名度的不断提高，班级学生数量多、学校承担的活动多，班主任的工作压力越来越大。班主任既要抓学习，又要抓思想，还要抓活动，而学科教师只通过课堂渠道落实育人职责，许多育人主体资源被浪费。对此，要实行教师包班，把"人人都是班主任"制度化。班主任和包班教师组成"育人小组"，每两周召开一次班教导会，

共同总结班级工作经验与教训，制订下两周的育人计划，使工作更有针对性，大家齐心协力，研究对策，共同帮助学生逐渐形成良好的学习习惯和品行。现在，无论在办公室、教室还是活动场所，经常能看到育人小组的教师在一起探讨班级管理问题、做学生的思想工作，他们各有分工，又团结协作，教师包班带来了班级管理新气象。

2. 德育育人从学校走向家庭

在学校所有教师共同参与的情况下，学校还积极寻求家长的支持，多次组织人员深入家庭开展调研访谈活动，力求做到全员参与、全方位育人。一是与家长进行书信沟通。在学生放假前或特殊教育活动日，发放"致家长的一封信"，就孩子学习、安全、文明礼仪、实践活动等与家长进行交流。二是开展亲子互动活动。通过"亲子共读书""家校共文明"等"大手牵小手、小手拉大手"活动，让学生在活动中学做人。三是聘请家长做教师。二十三级一班在班级特色创建中，聘请王炳哲同学的家长王飞为辅导员。王飞老师是莱芜知名的卵石彩绘艺人，他从大汶河卵石的选材、彩画的绘制、题字的书写、刻章的运用等方面对学生进行了悉心指导。四是利用家长委员会平台。学校定期开展教育教学咨询会和相关活动，聘请教育专家到校作家庭教育讲座，家长与专家共同探讨育人的有效方法。这样的活动，使得家庭教育这股力量更加强大。

3. 德育育人从学校走向社会

学校以"弘扬陈毅精神"为核心，利用社会教育资源加强青少年思想道德建设。一是走进学校德育教育基地，积极组织学生参加社会实践活动，使学生身临其境，在实践中体验，在实践中受教育。二是学生走进社区敬老院，开展"爱心奉献"活动，帮助孤寡老人做一些力所能及的事，让学生学会孝敬父母，善待身边的每一个人。三是倡导学生利用节假日、休息日走进孙花园、吴花园、孟花园、董花园等社区进行社会调查，同时让学生用画笔、相机记录学校、社会的新风尚。通过调查、反馈的形式促进了学生、教师、家长、社会人员文明行为的养成和提高，发挥了很好的教育辐射作用。

二、实施"三化"教育，构建德育育人管理网络

1. 自主管理教育网络化

班级学生自我管理基本框架是一种网络式结构，班干部管理线是纵向管理，小组长管理线是横向管理。纵向管理是指根据班级常规设定10个班干部，每人负责一个专项，做好监督检查及当天记录，并定期进行小组评价。横向管理是指实行学生分组管理，以小组为单位进行学习管理、常规管理和考核评价。小组成立后，各组选举形成本组的学生组织结构，基本做到"组内人人有职务、人人有责任，人人都是班干部，人人都要服从别人管理"，并实行小组内责任连带。积极开展小组生活一日常规竞赛，竞赛结果坚持周周有评比、月月有评定。小组是落实学生自我管理的最基本单位，组长负责组内学生常规管理，带领小组成员与其他小组开展学习竞赛，并完成小组内综合素质月评定。

2. 主题教育多元化

学校充分挖掘"陈毅精神"内涵，以"红色教育"为主线，坚持爱国主义、社会主义、集体主义和理想信念教育。注重创设宽松有序、学生自主学习、自主发展的育人环境，让走廊、教室的名人字画"润物无声"，让环境会"说话"，在潜移默化中成功地实现德育工作的内化作用；坚持开展"朝读、午写、暮思"活动，定期开展读书、写字、征文比赛，学生自编《美文佳作报》，让校园充满书香。近年来，我校有100多名学生在全国、省、市、区各类学科竞赛和活动中获奖。

3. 管理教育常规化

实施全方位德育工作制度，一天24小时均有领导、教师和保安值班，构建了平安和谐的育人环境。整合优化道德与法治、地方与校本课

程资源，关注人的发展、关注学生的道德情感和道德体验，将活动教学引入德育课堂教学，进行德育渗透。坚持在学生中广泛开展"校园之星""优秀学生""十佳学生"的评选活动，通过不同的形式和载体，在学生中立先进、树榜样，形成"比学赶帮超"的良好氛围。

三、立足"三导"机制，培植德育育人新优势

1. 导学

导学即在学习上指导，让学生学会学习。以生命化课堂教学为载体，不断深化对学生的生命化教育，体现学生的主体地位。教师应注意在课堂上给学生更多表现的机会，经常向他们提一些简单又具有启发性的问题，对能正确回答问题的学生及时给予表扬鼓励，如果学生回答不正确就及时给予启发引导，树立学生的自信心。

2. 导行

导行即在行为上引导，让学生养成习惯。重点推行两项活动，一是推行文明礼仪"三进"活动：学校在整合校本资源的基础上，组织编印了《陈毅中学学生素质发展手册》，确立了陈毅中学文明礼仪基本规范，真正实现了"师资、教材、课时、教案、上课、考核"六个落实，文明礼仪"进教材、进课堂、进头脑"活动，让每个人都实现了最优的发展目标。二是推行"课堂教学德育五分钟"活动：教师根据学生成长过程中存在的共性问题，围绕学生行为习惯的养成教育选题，做到内容具体，如学生学习兴趣培养研究、习惯与个人发展研究、作业习惯的养成研究、礼貌与礼仪习惯的培养与教育、广泛兴趣的培养与引导等，并使之成为常态化的德育活动。

3. 导心

导心即在心理上疏导，让学生心理健康。我们面对的学生，除了学习，还可能存在着各种各样的心理问题，学校采取了观察、谈心、活动

等方式方法，化解学生心理困扰，使学生养成乐观、开朗、积极向上的健康心态。一是用爱心感化学生：教师一方面及时了解学生在校内校外的情况，另一方面通过谈心使爱在无形中融入学生的心田。二是用书信联系学生：学校还提倡教师与学生进行书信来往，通过书信间接地了解学生的学习、家庭、生活、情感等问题，在解决学生的思想问题时更具针对性。三是用实例教育学生：聘请法制教育宣讲团成员为学生作"珍爱生命"主题讲座，一个个鲜活的案例，使学生领悟到珍爱生命的意识，培养学生健康的心理素质。

坚持一种态度，带好一个班级

班级自主管理，是让每个学生成为班集体的主人，培养学生班级自主管理能力，是使学生发现自我价值、发掘自身潜力、确立自我发展目标、形成适应社会发展和推动个体发展意识和能力的一种教育管理模式。班级是学校学生管理的基本单位，是每个学生在校生活的"家"，是学生实现成长和社会化的重要基础。那么，如何引导学生发挥各自的主体作用，使班级成为学生学习、个性成长、自我管理的集体，让学生在班级的自主管理中健康快乐成长，是一个永恒的话题。

一、注重分组，兼顾座次

在划分小组的多种方法中，我们比较认可的，或者说目前使用得较为普遍的是以4人为一组。组内一般是1、4号学生坐在同一桌，2、3号学生坐在同一桌。这样用1、2号学生带动3、4号学生学习、纪律、卫生、活动的方方面面。但在划分小组时，还要注意以下问题。

1.同组异质，异组同质

在分组前，要先把全班严格按成绩分为A、B、C、D4个等级，同一个组的4人，处于A、B、C、D每等级的各一人。各组之间，成绩大致是处于同一水平线上的，这对今后各方面的管理和评价都是有利的。一般选择1号学生做组长，因为组长的威信往往是在辅导、帮助同学中树立起来的，而且1号学生的成绩最好，自制力、学习方法等方面往往有明显的优势，比较容易在组内树立正气。

2. 组员搭配，各种因素要考虑全面

同桌、同组学生的性格是否合得来，能不能相互辅导，各种情况都要考虑到，否则就容易出现问题。

3. 调整座次

座次的调整一定要班主任亲自进行。虽然学生可能在某些方面对彼此更加了解，但他们与班主任视角不同，加上年龄限制，不可能考虑得那么全面。

4. 把握好调整小组的频率

对小组人员的调整不宜过于频繁，基本上在每学期初和期中分别进行一次。这样一是有利于对小组的评价；二是小组人员稳定，有利于提高组长和本组同学的管理水平，让组内同学融洽相处。可能在初一的第一个学期，师生、生生之间都不是很熟悉，要有一个相互了解和适应的过程，所以调整组员的次数可以适当增多。

5. 同组成员不能分离

小组成员座位要始终保证前后桌不分离，这样小组在讨论、活动时都比较方便，而且便于管理。平时调整座次时，一般常用的有两种方法：一是每周同排的前后轮调一次，即最后排的一个小组到最前面来，其他小组顺次后移一个小组的位置，每个月一、三排对调，二、四排对调，以保证公平；二是每次考试后，让进步最大的小组先挑座位，其次是进步稍小的，依次挑完，这样可以激发学生小组间的竞争。

二、双班长制，完善班级管理

1. 统筹班级管理系统

班级组建班长—小班长—排长—组长的班级管理系统，即全班设班长一名，管理全班总体事务。同时，全班又分为两个小班，每两排为一个小班，各设小班长一名，每排设排长一名，每个排长大致管理4至5个小组。

2. 精细管理，建立健全班级检查系统

班内每天设立4个值日班长，共20个。值日班长负责班级每天的学习、纪律、卫生、活动四个方面的管理。按时间顺序，早上到校后，学习值日班长管理门外的作业收交秩序、作业数量的清点，必须在规定时间前交完所有作业；卫生值日班长则检查卫生打扫的质量和时间；纪律值日班长在门口查考勤，迟到的同学进行减分和批评；活动值日班长则监督当天科代表做好晨读任务的安排。课间，学习值日班长负责课前准备和科代表的管理，纪律值日班长负责课间秩序的维护，卫生值日班长负责卫生保持的检查，活动值日班长负责外出人员的管理。课上情况主要由科代表负责记录，下课后报告给值日班长，将加减分情况登记在记录表上。放学后，学习值日班长检查滞留人员、布置作业，卫生班长检查卫生，二人负责关锁门窗；纪律、活动值日班长负责组织放学队伍。这样不仅做到了分工明确、权责分明，而且最大限度地锻炼了十几个小组长的管理意识和能力。

3. 明确检查任务和管理标准

每天的班级管理，并不全由值日班长负责，他们只是重点起检查监督作用，如果发现问题，按照小班长—排长—小组长的顺序逐级上报。

4. 落实组内管理分工

4人小组之内，学生按学习、纪律、卫生自主进行分工，每人负责一门或两门学科。有值日班长在分工和管理中做出的榜样，小组长在进行组内分工和任务的检查落实时，更清楚具体的操作。这样，人人都服从管理，形成了良好的管理氛围。

三、立足小组，夯实评价

1. 制订可行、易操作的班规班法

一个班级内，班主任有权威，班干部能服众，规定才能推行。但最重要的是，要坚持让学生自己讨论然后制订班规班法，这样才有说服力。

2. 记分表要易操作、醒目

学生加减分的记录表要尽量简单，且学生能随时查看，起到及时提醒的作用。其中，尽量用不同的分值代表不同的加减分项目，学生结合班规，能够明确道自己加减分的原因，避免记录时需要写详细的事由，而且在记分时，必须通知到本人，以督促学生扬长避短。记分表每小班一张，按组分开，每天都要求出各组的总分。两张表贴在门口，学生随时可以查看，但要注重评分的时效性，及时反馈。

3. 让学生重视评价积分

每天每小班评出最优小组和最优个人，进行表扬；每周每小班要评出周最优小组一个、最优个人一名，在班会上由班长进行表扬；每月的最优小组和个人作为"班级自主之星"，贴在班级荣誉墙上。同时，实行积分币制度。这样在班里树立正确的舆论导向，进行大力的宣传，注重评价积分。

四、定期培训，吸取经验

及时、有效地对班干部进行培训，吸取平常工作中的经验教训，进一步落实班级管理系统、检查系统、班规班法、操作办法，让学生保持充足的积极性，弘扬班内的正气。同时，要明确班干部的权威，让班干部真正各负其责；充分发挥小组长的主观能动性，在遵守班规的前提下，允许小组内实施适合自己小组的管理方法。

五、主题班会，全面提升

为加快完美班级建设进程，提高班级自主管理水平，利用学校每周五的班级课程时间，进行主题班会活动。根据每周学校的主题活动来确定班会主题，主要活动有：对本周活动进行总结评价、提出整改措施，对下周活动进行规划安排及主题班会的开展。

班会由班长主持，首先对本周班级各方面活动做概括发言，然后每个班干部进行"述职报告"，最后由组长、排长对主题班会进行具体开展，学生积极发言、建言献策，在融洽的氛围中推行班级各项政策。

"管是为了不管"，班主任应该积极发挥学生的主体作用，给学生提供一个自主管理、自我教育的机会，让学生自我成长，从而实现以学生为中心的自主管理，实现班级管理"从自律走向自觉"。4人小组是全班最基本、最重要的管理单位，要利用各种职位、点滴时间、多样的方式去培训、评价、督促小组的管理，激发各个小组的积极性和上进心，真正做到"事事有人管，时时有人管，人人有责任"；培养学生自主管理的能力，主要是让他们自己直接参与到班级管理中来，成为真正的主人。只有这样，纯正的班风、学风才可以形成，班级内的民主意识也会出现，更能提高班级管理效率。学生会对自己的班级充满热爱之情，在各方面都积极进取、争取为班争光。每一名学生都能追求真知、奉献爱心、实现自我，感受欢乐与成功。

实施"三新"德育　聚焦学生"精神成长"

在"育人为本、立德树人"理念的推动下，陈毅中学关注人的精神引领，大力实施德育新课程、德育新课堂、德育新评价"三新"德育工程，聚焦学生精神成长，构筑学生的"精神长城"，培养新时代的新公民。

一、构建德育新课程，配制学生精神成长的"营养谱"

在2012年4月召开的全省校本课程整合研讨会上，陈毅中学作了题为"以陈毅精神为引领，开发特色校本课程"的典型经验介绍，受到与会者的广泛好评，同时也开启了学校"1+2"德育课程体系构建的序幕。"1+2"课程中的"1"是指德育第一课堂课程，第一课堂围绕优化整合后的国家和地方德育课程开展教学活动；"2"是指德育第二课堂课程，即围绕陈毅精神开展校本课程教学活动。

1. 整合德育第一课堂课程

在课程实施过程中我们发现，地方课程如"环境教育""安全教育""人生规划"等，与道德与法治课、综合实践活动等国家课程部分内容相似或交叉之处，为有效地减少课程实施时间和人力的不必要耗费，学校以初中学生道德与法治教育的"三大主题""四大领域"作为学校德育教育的基本框架，将陈毅精神融入其中，整合"道德与法治课""传统文化""安全教育""陈毅精神伴我成长"等国家、地方、校本课程为新道德与法治学校课程，把德育教育的各项目标分解到教学活动中，借助学科课程德育、社会实践活动、行为规范德育、社会环境育人四个德育平台，拓展道德与法治课程的外延，实现了道德与法治课程教学与学校实际、学生实际、社会实际的紧密结合。

2. 延伸德育第二课堂课程

为体现学校办学特色，学校以陈毅精神引领德育教育，以德育教育助推素质教育，将陈毅精神教育作为学校素质教育和德育教育的结合点，全面展开德育课程的开发工作。经过努力，我们已经成功开发出了"陈毅精神伴我成长""陈毅精神在我心中闪闪发光""陈毅诗词鉴赏""陈毅中学学生素质教育发展手册"等具有浓郁学校特色的校本课程，真正让陈毅精神在每个人心中闪光，实现最优发展的育人目标。

3. 融合校园文化课程

学校以赢牟文化研究为依托，以《箫韵文学》为载体，凸显学校人文特色。人文气息和自然风光互为一体，陈毅精神与育人氛围相得益彰，德育活动与文化熏陶相融相生。学校通过"争做陈毅奖章标兵、争创陈毅奖章班级、争做陈毅勋章教师"的特色育人活动，让陈毅精神入心入脑，构筑起强大的精神力量。学校以此为载体，广泛开展了"阅读陈毅书籍""讲述陈毅故事""弘扬陈毅精神"等一系列红色教育活动。学校的红色教育"四百工程"，即学生在校四年中观看100部红色影片、阅读100部红色名著、背诵100首红色诗词、学唱100首红色歌曲，让学生受益匪浅。每年一度的"陈毅之星"奖章颁奖，让陈毅精神融入学生灵魂的深处，影响着一届又一届的陈毅学子。

二、构建德育新课堂，耕作学生精神成长的"快乐园"

每周一下午的第四节课，是陈毅中学的德育主题教育课。许多学生家长受邀走进了课堂、走上了讲台。他们结合自身实际与专业，在安全、文明礼仪、行为习惯、学习习惯等方面，采用丰富多彩的形式对学生进行了教育，这是学校构建德育新课堂、实施全员育人的一个缩影。

1. 社团活动成为德育大课堂的育人载体

陈毅中学结合学校的生命化课堂体系，从关注学生的道德情感和道德体验出发，由道德与法治教师、地方课程与校本课程教师、班主任或德工处等部门，针对学生的某种典型思想与行为现象，开展有针对性的实践类活动，这类活动主要依托我校的学科社团来开展，使学生深受教育，纷纷表示一定要勤奋学习，全面发展，努力争当"四好少年"，学生在亲身经历中受教育，促进人格的健全发展。

2. 主题教育成为德育大课堂的育人重点

2012年3月29日下午，一场以"学会感恩，与爱同行"为主题的报告会在陈毅中学操场举行，4 000多名师生、2 000多名学生家长参加了报告会。此次感恩教育报告会历时3个小时，整个会场群情涌动、高潮迭起，与会听众接受了一次精神的洗礼，一场演讲改变了许多人的观念。学校创新管理思路，将"感恩教育""礼仪教育""尊重教育"等德育主题教育纳入精细管理的视野，科学设计，精心组织，提升了德育"大课堂"品质。

3. "德育5分钟"成为德育大课堂的育人常态

"德育5分钟"是学校有效落实全员育人和教师职能的一项重要举措，目的在于落实学校德育教育基本目标任务中的第一项——立足于学生的长期发展和健康成长，对学生进行基本的道德、理想、信念、行为习惯和生存能力的培养和教育。学校将课堂"德育5分钟"教育作为研究课题，围绕学生行为习惯的养成教育进行选题，如学生学习兴趣培养研究、习惯与个人发展研究、自律意识研究、作业习惯的养成研究、礼貌与礼仪习惯的培养与教育、科学用脑的引导与研究、广泛兴趣的培养与引导等，通过研究—实践—再研究—再实践，克服了德育教育内容空洞无物、学科割裂的弊端。

三、构建德育新评价机制，凝聚学生精神成长的"正能量"

2013年3月7日，《中国教育报》刊发了陈毅中学的《新课程，新课堂，新评价——构筑学生的"精神长城"》道德与法治课程改革经验文章，受到教育同行的广泛关注。

1. "五维"评价，遵循学生成长的轨迹

构建学生全面发展评价体系，从关注学生学习成绩到关注学生全面成长，一直是学校努力的方向。陈毅中学从道德品质与公民素养、学习态度与能力、合作交流与探索实践、运动与健康、审美与表现五个维度对学生进行综合素质评价。例如，"道德品质与公民素养"评价中的"教师评价"主要由班主任、道德与法治教师、地方课程教师、校本课程教师分工从不同的侧面按一定比例的权重完成。其中，道德与法治教师所提供的数据包括学生行为观察、教育专题评价、主题活动参与情况评价、期中阶段评价、期末终结评价五个方面，每个方面都有具体的评价内容，确保评价的公平、公正，每周班会向学生反馈阶段评价结果，做到了评价结果的公开透明，也为学生道德与法治课发展提供了一份翔实的"跟踪报告"。

2. 月达标活动，为学生搭起进步的"梯子"

学校在继续落实"五维"评价的基础上，依托"单元模块达标活动"，确定细致的分类目标，创建了包含20个等级的"等级划分与评价办法"，学生按月分类进行达标。依据该办法，学生实现了达标过程中的前后个人发展性评价，以及同一次达标活动内各门学科强弱对比分析，真正实现了学生自我发展性评价，有效助推了学生综合素质发展。在操作过程中，学校还设计了《自我发展性评价手册》，指导学生开展自我发展性评价,这已成为促进学生全面发展、提升综合素质的有力抓手。

3. 汇聚校外育人资源,形成学生成长的"共同体"

2013年7月10日,《中国教育报》就陈毅中学开辟家校联系绿色通道、打造"校外成长共同体"的做法给予了报道。近年来,学校着重加强学校教育资源、家庭教育资源、社会教育资源和网络教育资源的同步建设,与社区、家庭"结同盟",把校外学生表现置于社区、家庭的监督之下,把校外学生成长纳入社区、家庭的育人职责范围,形成了以德育人的强大合力和浓厚氛围。

"德育为首,育人为本,以德树人"是基础教育的根本任务。这就需要教师着眼于学生的精神成长,用新课程、新课堂、新评价理念去进行德育教育,通过"实践"这一路径,为学生铺设一段通往社会、通往生活、通往幸福人生的"跑道"。

播下梦想的种子，采撷丰盈的果实

我与新教育相识，缘于朱永新教授出版的《我的教育理想》一书，书中提出了"理想教育"的基本思想。2011年4月10日，朱教授在莱芜会展中心泰钢凤凰剧院作了精彩的报告；同年8月16日，朱教授又在莱芜一中报告厅为莱芜教师进行了两天的培训。作为陈毅中学校长，我有幸聆听了朱教授关于新教育"十大行动""四个改变"的崭新阐释，让我有耳目一新之感，更加坚定了推进我校实施新教育实验的信心。2012年5月15日，翔宇教育集团的总校长、新教育研究院院长卢志文来到陈毅中学，作了题为"课变：向着明亮那方"的报告，并挥笔题写"行动就有收获"六个遒劲有力的大字，对学校新教育实验给予了鼓励和厚望，使广大师生倍受鼓舞。

行动就有收获。近年来，陈毅中学荣获"全国新教育实验优秀实验学校""莱芜新教育实验优秀实验学校""莱芜群众满意的学校"等称号，孟锦老师获得了全国新教育实验"十佳"教师提名奖、全国新教育实验先进个人，王艳萍老师被评为全国新教育实验先进个人、莱芜新教育榜样教师。新教育新气象，新教育新希望。在新教育的影响下，教师队伍不断壮大，学生素养不断发展，教学质量不断提高，社会影响不断扩大。

一、缔造温馨家园，让每一个孩子都在教室里"开花"

教室是什么？新教育的榜样教师常丽华曾经说，教室是我们的愿景，是我们想要到达的地方，是决定每一个生命故事平庸还是精彩的舞台，是我们共同穿越的所有课程的总和，它包含了我们论及教育时所能想到的一切。正如朱永新教授所说，生活于同一个教室中的人，应该是一群有着共同梦想，遵守能够实现那个共同梦想的卓越标准的同志者。

我是这样理解完美教室的：我们应该把教室建设成为学生的"第二个家"，每一个班主任、每一个教师、每一个学生，都应该参与到完美教室的创建活动中来。通过班徽的设计、班歌的传唱、班级形象和班级文化的塑造、班级课程的开发等活动，让学生在班级中有一种在家庭中身心的安全感、心灵的归属感、家庭角色的责任感、家庭生活的成就感。

为了推动完美教室建设进程，我和我的团队首先进行了底层设计，制订了陈毅中学"缔造完美教室"活动实施方案。根据学校的"缔造完美教室"推进计划，学校于2012年初举行"缔造完美教室"创建验收活动，利用周一升国旗仪式的时间举行完美教室缔造展示活动，学生通过班名解读、班歌演唱、班诗诵读、誓词宣誓等形式，对本班完美教室缔造进行了展示汇报，全校师生与他们一起分享了新教育带给我们的喜悦与幸福。

先从初三九班"启航班"说起。孟锦老师是市级新教育实验教师，在新教育实验这块"试验田"里，她是学校较早的"拓荒者"。2011年春季开学，她成为一个新班的班主任，刚刚上任的她，并没有急于烧"三把火"，而是和学生一起酝酿一个新的"班名"。面对七十六个满脸憧憬的孩子，她深感责任的重大，于是她将班级目标"团结、希望、远航"这几个关键词，融入整个班集体。于是，这个班有了一个响亮的班级名称——"启航班"。《我们的梦想已然启航》也便成了"启航班"的"班级主题诗"。在每个进行晨诵的黎明,这首诗告诉"启航班"的每一名学生:梦想已然启航,未来属于我们。随着"启航班"的诞生,一个个缔造完美教室的梦萦绕在每一个陈毅学子的心中。乘风破浪的"远航班"、永不言弃的"蜗牛班"、胸怀理想的"追梦班"、坚毅向上的"青松班"……点缀着梦想,寄托着希望,承载着一个个绽放的生命。

走进初一十班"远航班",每一面墙都是一本"会说话的书":"才艺走秀场"吸引着每一名学生的目光,李怡然同学的《这就是我》,讲述的是她小学时获得学校"小歌手"的经历,一张手捧鲜花、笑容灿烂的照片,作为她永久珍藏的记忆与同学们分享;"我是一位小作家"成为学生习作的"练兵场",小鸟"温柔的鸣叫"是李浩同学《最难忘的瞬间》,青海的《坎布拉地质公园》是留给苏硕同学最"雄伟的震撼","有书真好"则是张泽同学发自内心的最幸福的感受。"我们班的故事",写的都是一些小事、琐事,但都是一些真事、实事,记录着学生成长路上的点点滴滴、酸甜苦辣。除了墙面的布置,班名、班诗、班徽等,也都有大家的参与,他们一起动手,共同创造属于师生共同成长的家园。

完美教室的魅力,不仅吸引了学生,同样吸引了家长。亲子共读写,促成了家长、学生的共同成长。不仅如此,家长通过浏览教师的博客就能了解到学生在校的表现,同时有些家长也建立了博客,就许多问题与教师展开交流与沟通。"在这里,没有简单的说教,家长和教师会对某一教育问题发表自己的看法,众多家长的参与,使有些家长的好的做法在这里得到了传播。"李悦同学的家长对教师博客给予了这样的肯定。

二、构建"弘毅课堂",成为学生灵性启迪的情感场

朱永新教授认为,如果课堂不能给学生以智慧的挑战、情感的共鸣、发现的愉悦,而只是让他们成为一个"容器"消极地接受、被动地应付,学生就无法享受完整的幸福生活。

我在广泛调研的基础上,凝聚广大教师的智慧,构建起了陈毅中学的"三环四式"课堂模式,"三环"是指定向自探—碰撞反刍—达标迁移。其中,在核心的"碰撞反刍"环节主要采用"四式",即质疑式、竞赛式、情境式、操作式。"三环四式"课堂立足于弘毅文化,汲取了目标教学、情境教学、合作学习等教学法的精髓,在多向互动中将文本解读、课堂实施、课堂观察、课后评议等活动融为一体,很好地诠释了"先学后教、多学少教、以学定教"的理念,让课堂教学呈现出一种生机勃勃、活而不乱的动态美,让课堂成为心智交流、心灵滋养的活动场、情感场。

在《雪》这节公开课上,蔺芳华老师将自己平板电脑上的内容投放到电子黑板上,上面清楚地写着本节课的学习目标及教师提出的问题:鲁迅先生笔下,朔方的雪与江南的雪分别有哪些不同,各自又有哪些特点?让学生带着问题读课文,在读的同时认真地思考上述问题。

在阵阵朗读声消散之后,学生开始争先回答教师提出的问题。教师和学生对回答问题的学生给出的答案感到满意,给予了掌声。的确,对于初三的学生来说,他们已经能将雪描述成像人一样的情感和精神,温情、坚强、细腻、冷峻,这也正是南北方气候,甚至文化的差异。

自主解决第一个问题之后,进入到小组合作环节。教师让几名学生有感情地朗读了文章最后一个自然段,小组合作的内容就是圈点勾画出能表达笔者感情的句子,分析语言的特点。由小组长带头,每个人都陈述了自己的观点,最后得出本小组的答案,将各个小组的答案汇总就得

出了最终的答案：鲁迅先生用典雅和令人震撼的语言表达了自己内心的豪迈和孤寂。

每节课都是按照这样的课堂模式进行的，这就是我们的常态课。我们的班额很大，但在这样的课堂模式下，每个学生都非常积极，自主学习和小组合作，一般的问题在经过这两个环节之后就解决了，教师只负责引导学生去解决问题就好了。对于"三环四式"课堂模式的具体运用，模式是用来辅助教学的，要不拘泥于框架，解放教师和学生。

这是一节非"电子书包班"教学，而在"电子书包班"，我们看到的是这样的教学场景：师生人手一台平板电脑，课前，学生根据教师发送的学习课件、导学案或者微课，进行自主学习，圈画疑难问题；课中，教师通过即时抢答、屏幕全员同步显示、批注圈画、拍照展示等功能，及时了解每一个学生的学习状况；课后，教师将测试题发送至学校公共资源服务平台，学生进行在线测试，客观题目由平台直接评价，主观题目可以由学生自评，也可以由教师进行评价。与传统课堂相比，这样的课堂学生参与面更广、参与积极性更高。

自由、开放和创新是"三环四式"课堂的特质。通过学生自主学习、小组合作解决问题，以及展示环节和评价机制，真正落实了教育理想。我想，这就是学生喜欢的课堂。

三、实施"超市化"课程，静听生命拔节的声音

朱永新教授有个形象的比喻，如果把教室比作河道的话，课程则是水流。两者相得益彰时，才会有教育的精彩涌现。有了课程的汩汩水流，田间地头也可以成为教室的延伸部分；课程的水流枯竭了，精心布置的教室也会成为禁锢生命发展的囚笼。课程的丰富性决定着生命的丰富性，课程的卓越性决定着生命的卓越性。

我通常把学校比作一列列车，在通往成功彼岸的旅途上，教师是

"乘务员",学生是"乘客"。如何让学生度过四年的愉快旅程？我对这个问题的思考开始于2012年中秋节期间，我接到一位家长的投诉电话，说因为孩子作业量太大，没有时间和孩子外出放松。经调研，我果断通知全校国庆期间全面取消书面作业，并确立了陈毅中学"作业超市"制度。基于"作业超市"的成功经验，我又尝试探索构建了"超市化"的学校课程体系。

一是培养合格学生。学校实施国家课程校本化，优化国家课程结构，实现减时增效，组织编写了《陈毅中学导学手册》。通过艺术素养课、体育素养课、级部大体育、阳光大课间，培养学生的团队意识和合作意识。设立"综合大选修"，采取"走班选修"办法，级部统一确定学科选修的时间、地点、辅导教师，每周进行两次走班选修活动，每次连排两节课，有效地解决了学生学科发展不平衡的问题。构建学生成长课程，通过实施入校课程、开学课程、14岁集体生日课程、毕业课程、校园卫士体验课程等，促进学生的精神成长。

二是培养特长学生。开展"特长大选修"活动。"特长大选修"突出学生的个性发展，每个级部都规划了20余项艺术、体育、实践、文化视野拓展类选修内容，每周开展一次，两节课连排，充分展现和提升学生的个性特长。打造精品化社团。学校在新学期开学第一周，举行假期社会实践活动展示与评比，学生以课件、实物、视频、手抄报等不同形式展现假期实践活动成果。假期社会实践活动课程，成为深受学生欢迎的第二课堂。

以前，课堂就是学生端端正正地坐在教室里听，教师站在讲台上规规矩矩地讲。现在，课堂里有了生活、有了故事。潘清霞老师把作文课搬进了"鲁王工坊"，让学生学习锡雕技艺，感受锡雕文化；许凤英老师与学生一起走进气象站，并制作了风向标与雨量器，对雾霾的形成、危害与预防进行了深入的调查与探究，使学生拓展了知识视野，增强了社会责任感；李慧老师把道德与法治课堂变成"模拟法庭"，在"寻衅滋事"案件的审判过程中，"文明""自由""法治""平等""诚信"等价值观浸润了学生的心田。

对于学生毕业，我们借机校庆日，开发了毕业课程，将校庆日办成了感恩节。于是就有了学生与父母、教师相拥而泣的感人场面，就有了学弟学妹欢送学长学姐离校的感人情景……

四、搭建数码社区，让学生在"智能校园"里快乐成长

信息化是中国教育发展的一个很重要的前提——它不仅会改变我们教育的形式，而且在很大程度上会改变教育的方式。为了更好地贯彻新教育实验理念，我致力于建设一个供广大师生互动交流、共享资源的数码社区平台，努力把数码社区建成学生享受成长快乐的理想乐园、教师实现专业发展的理想舞台、学校提升教育品质的理想平台，让数码社区成为学生、教师、学校、家长共同发展的理想空间。

2011年，新教育实验走进莱芜区，搭建数码社区成为"十大行动"之一，我由此找到了搭建智能校园的"入口"。2015年秋天，是陈毅中学"收获"的季节。2015年9月1日，1 200名学生告别小学校园，满怀好奇地来到了将要陪伴他们度过四年初中生活的新学校。在陈毅中学新建的录播室里，家长和学生轮流参与"电子书包"培训和体验活动。海量的教学信息和学习信息，令家长和学生惊讶万分；便捷的学习路径和操作方法，令家长和学生兴奋不已；前瞻性的教学理念和现代化的教育教学方式，令家长和学生大饱眼福。陈毅中学以信息化为依托的课程改革之旅，正朝着前方行进。

过去，教师习惯于围坐在一起备课、研讨，久而久之，变成了闲聊，使集体备课流于形式。如今，鼠标一点，学科组教研、备课组教研就开始了。由于QQ群网络教研共享，教师提出的问题直指要害，解决

问题更有针对性。

不仅如此，海量的教研资源也让教师大开眼界。新课程资源库、中央电教馆学科资源库、数字图书馆、优课数字化教学系统，以及电子备课、电子课件、试题中心学科资源和"课堂观摩区"，让教师有了教学的参考。

如今，教室里配备了交互式电视，将以电脑、投影机、幕布等为主的多媒体升级为普通电视和无线传输设备组成的新型多媒体系统。教师入校便接受新一轮的信息技术培训。主机托管、虚拟主机、应用服务、数据存储、数据备份、数据安全服务等，实现了学校资源师生一号通，全面共享备课、课件、微课程视频、博客等资源，打造"人人通"平台。

通过数码社区，教学信息能够瞬间传达给每一个学生：手写笔轻巧自如，让书写在平板电脑上得心应手；拍照上传，作业提交轻而易举；数据分析，高效课堂轻松实现！在国家级"同课异构"大赛上，学校教师屡获大奖，陈毅中学更加坚定了建设互动智慧教室的信心。2016年秋季开学，学校在初一新生班搭建了8个电子书包班。

面对教育信息化的风起云涌，我明确提出了学校数字化数码社区的建设目标：所有班级全部实现新型多媒体模式，完成校园网络系统的升级改造；依托网站或其他系统，打造网络学校或网络班级，搭建"人人通"平台；进一步探索网络空中课堂、空中德育讲堂等现代新型课堂模式；建成互动智慧教室和微格教室，结合"人人通"资源平台，实现课堂录像资源的保存、积累、共享。

五、聆听窗外声音，在"研学旅行"中和学生一起成长

苏霍姆林斯基在《给教师的建议》一书中说："当自然界发生转折的时候，请你把儿童带领到大自然中去，因为这时候正发生着迅猛的、

急剧的变化，生命的觉醒，生物的内在的生命力正在更新，正在为生命中的强有力的飞跃积聚精力。"朱永新教授"聆听窗外声音"行动与之不谋而合。应该说，这种注重"知行合一"和躬身践履的做法更符合教育的本真。

在教育教学的实践中，我深切体会到，学校教育教学活动再不能呈现"两耳不闻窗外事"的状态，我们应该把影响人类生活与生存的各种问题，如科学道德、环境和资源问题，培养忧患意识、责任意识、敬业精神、知恩图报思想、树立社会公信力等人文的与科学的精神元素及时吸收到课程中来，想方设法让学生多聆听些"窗外的声音"，增加他们科学的和人文的精神营养。

于是，我带领学生踏上了曲阜研学之旅。在为期两天的研学活动中，我们先后来到曲阜市、邹城市，参观了孔府、孔庙、孔林和孔子文化研究院，以及孟府、孟庙。在孔庙的大成殿前，学生参加了"祭孔拜师礼"——学《论语》、学礼仪、拜孔子、拜师长，感恩父母，感恩师长。览孔庙，游孔府，观孔林，学生追寻孔子的足迹，感悟经典国学。在儒学研究会堂，学生还认真聆听了儒学文化研究员的孔子讲座，在讲座上研究员给大家讲述了孔子思想和儒学精髓、儒学孝道思想和家教家风、解读孔子世家，学生不时地提出问题，现场气氛十分活跃。在孟府、孟庙中，学生参观了以亚圣殿为中心的古建筑群，还有碑林、藏书楼等，进一步加深了对儒学文化的理解。

随行的曹睿卿家长说："这次研学旅行，不仅让学生主动适应了社会，促进书本知识和生活经验的融合，而且还让儒学文化和感恩教育融入了学生心中，对学生来说是一次不同凡响的人生体验。"

为了让学生贴近自然、探索科技、开阔眼界、丰厚文化底蕴，我随初二地理社团的学生到莱芜区利和庄园进行了参观采访。利和庄园是一处综合鲜果采摘、休闲旅游、绿色餐饮、开心农场于一体的现代农业生产基地。在公司人员的陪同和讲解下,学生先后参观了圣女果和草莓采摘园、蔬菜园、石磨面坊、煎饼坊、百果园等,全面了解了庄园的经营状况,亲自体验了采摘的乐趣。地理社团的亓立芹老师说:"这次活动让学生从地理的角度认识了莱芜区现代农业的发展,也是一场对农耕文化的学习之旅。"

我还和学生一起走进了莱芜区梆子剧团,欣赏了《程咬金招亲》的表演。学生看着台上演员华丽的服装、优雅的动作,听着铿锵的旋律、高亢的唱腔,手随演员而动,声为唱腔作和,深为莱芜梆子的魅力折服。有的学生穿起戏服,在剧团演员的指导下像模像样地摆起造型,有的学生竟开口哼唱起来……之后,学生又站在剧团的舞台上学习戏剧动作,近距离感受戏曲的魅力。剧团领导热情地为学生介绍莱芜梆子的经典剧目,许多剧目曾经拍成电影,还多次出国演出,学生顿生自豪之心。社会实践活动让学生放飞了理想、磨炼了意志、增强了能力、丰富了经历。所以,唯有打开校门,走出封闭,聆听窗外的声音,让师生领略更多的精彩,学校才能成为师生成长、发展的舞台。

六、推进"每月一事",为学生播下良好习惯的种子

新教育实验认为,人生的许多大道理,其实都在小事情之中。我积极推动将"每月一事"主题活动与新教育实验的"十大行动"结合起来,把公民教育、生命教育纳入其中。"每月一事"也因此成为学校德育教育的重要内容。学生懂得了感恩,并且学会了宽容、学会了交往、学会了表达,彰显了"每月一事"的教育魅力。

这是一封感恩的信:"亲爱的爸爸妈妈,你们好,当我展开这张叫'情感'的纸时,满脑子只有两个字——感恩。女儿在一天天地长大,慢慢地明白了你们的用心良苦。你们的爱,就像一杯茶,把苦涩保留在心中,散发出来的都是清香……"当王坤同学的家长读到这里的时候,

眼里噙着泪花。

学校每年10月开展"让我们给爸爸妈妈写封信"活动。以此为契机，学校将对父母感恩拓展至对师长感恩、对朋友感恩、对生活感恩、对社会感恩、对祖国感恩，从而培养学生做一个心存感激的人，做一个对自己负责、对父母负责、对朋友负责、对社会负责的人。"感恩与责任"成为校园10月最耀眼的关键词。

在"每月一事"——"让我们笑着和别人打招呼"活动中，初一级部结合校本课程"文明礼仪"中的"家庭礼仪"，确定的实践主题为"我是小主人"，让学生在家里当一当小主人，邀请一些同学或者亲友的孩子到家里做客，学会招待朋友；同时，进行"我是小客人"的活动，到别人家里做一做小客人，学会做客的礼仪与方法，让这些学生走出以自我为中心的圈子，学会接触、接纳不同的同学或朋友。初二级部的实践主题定为"我是小记者"，学生在《鲁中晨刊》"小记者"的带动下，走入社区，了解社会，通过采访、调研等活动，在与陌生人的交往中树立自己的人生理想，在感兴趣的话题中体验交往在生活中的意义。在"每月一事"——"让我们做一回演讲者"活动中，学校结合全市开展的"人防知识竞赛"活动，在全校组织举办了"卓越口才训练暨人防知识竞赛"，既加强了学生自我教育，增强了学生的人防意识，还锻炼了他们的口才，使他们掌握了沟通的艺术。

七、家校合作共育，打通学生成长的"绿色通道"

朱永新教授非常重视家长委员会工作，他说，作为构建学校、家庭、社会密切配合的育人体系的重大举措，应当以更大的热情、更有效的措施，创造更好的条件，大力推进建立家长委员会工作。

陈毅中学家长委员会成立于2010年4月。成立之初，很多人对此持怀疑态度，有的家长甚至认为这又是形式主义，参与学校管理的积极性不高。但我清楚地看到，单靠学校教育去塑造学生是远远不够的。事实证明，在我校全员育人的活动中，家长委员会发挥了不可替代的作用。

让家长拥有"知情权"，家长才有参与学校管理的"话语权"。如何让家长拥有"知情权"？我的做法是，构建家校联系绿色通道，吸纳家委会参与学校管理。学校重大事项、重要活动均以信函、通知书等形式通知家长。教职工代表大会、表彰会、期末总结会议、行风民主测评会议，学校都邀请家委会成员参加。学校每月主要工作以简报形式告知家委会成员，增加了学校工作的透明度，实现了家委会校外监督的目的。

朱永新教授有一句话："教育资源只要你用心，就会有"。我相信，我们的用心一定会有收获的。每月第二周的家长委员会开放周广受家长欢迎。家长委员会成员李浩与自己的孩子一起听了一节《阿长与山海经》，离校前他在家长听课评价反馈表上写道："在教学过程中，师生互动，生生互动，学生参与面广、积极性高，这样的教学对学生的成长很有好处。"不仅课堂开放，学校的阅览室、实验室、多媒体教室、微机室、办公室届时也会全面开放，家长可任意参观指导，以帮助学校改进育人方法，提高教育教学质量。

学校开发的"陈毅精神伴我成长""陈毅中学经典诵读读本""陈毅中学学生养成教育手册"等十余种学校课程，无不浸透着家长委员会的心血。在编辑教材《陈毅精神伴我成长》时，很多资料都是由家长提供的，《陈毅中学学生养成教育手册》中学生"家庭表现评价标准"也是由家委会草拟的。这些良策雅言，推动了学校内涵的发展，扩大了学校的教育空间，实现了家庭学校教育一体化。

"家长是孩子的第一任老师。但我们一些家长还没有尽到'第一任老师'的责任。"有一位学生家长在聆听了学校组织的教育专家报告会后说，"在家庭教育方面，我们的确存在技巧和方法的不足。"为了弥补这方面的不足，学校先后组织家长委员会观看了魏书生的《这样教出好孩子》、李镇西的《做最好的家长》、卢勤的《孩子心灵成长的十大需求》等视频，为他们推荐了《好妈妈胜过好老师》《英才是怎样造就的》《学习哪有那么难》等家庭教育著作。

令人称道的是，在家长委员会的操作下，一部分热心于公益事业的学生家长，组成了学生家长志愿者协会。他们的主要任务是在上学、放学阶段协助学校做好学生安全工作。我们发现，在上学、放学时段，家长志愿者佩戴志愿者袖章，分列于学校大门两侧、学校东西交通路口，与学校教师、交警人员一起管理过往车辆和行人，疏导交通堵塞，缓解交通拥挤状况。"孩子在这里，我们放心。"一位学生家长看到这样的管理，由衷地感到高兴。

八、不忘初心，沿着新教育大道继续前行

新教育实验结出了丰硕成果。学校受益了，校长受益了，教师受益了，家长受益了，学生也受益了。

收获一：文明的校风正在形成。以陈毅精神为价值取向的"仁、义、礼、智、信、孝、廉、和"文化氛围日渐浓厚。每个班级的班级文化无不体现对儒雅的追求、对人文的崇尚。在校园书香的濡染下，儒雅气质正在我校师生的身上逐渐体现，班风班貌呈现出积极向上的良好态势。

收获二：和谐的教研生活已经形成。教学研究活动是思想的交流，是智慧的碰撞。这在苏霍姆林斯基的《给教师的建议》、雷夫的《第56号教室的奇迹》、朱永新的《走近最理想的教育》、李镇西的《做最好的老师》中都有体现，来自教师坚持不懈的自我反思。

收获三：学生内在的学识修养和外在的行为得到了和谐的统一。教室里、校园中、生活中，学生变得活跃了、敢于发言了，这是"卓越

口才"的教育魅力；学生关心生活了、视野开阔了、能力提升了，这是"聆听窗外声音"的教育魅力；学生懂得了感恩，有了团队意识，并且学会了宽容，这是"每月一事"的教育魅力。在新教育文化下，学生在收获知识的同时净化了心灵，也将在今后的人生中获得意想不到的惊喜。

躬身耕耘于新教育园地，享受着满园的芬芳。在新教育的旅途上，留下了我和师生追梦的足迹，我所撰写的《欠了学生一声问候》《错字落聘折射出的汉字书写危机》《走在"弘毅教育"办学实践的道路上》《转变教学方式，提高教学质量》等发表在《中国教育报》《山东教育》《现代教育》《基础教育改革论坛》等报纸杂志上，引起了广大新教育者的高度关注。

发展中的教育正在寻找和创造"过一种幸福完整的教育生活"的有效途径。一路走来，我与师生因新教育而改变，因新教育而充实，因新教育而快乐，因新教育而幸福。但我清醒地意识到：想到、知道与做到之间，计划、要求与结果之间，口号、梦想与实现之间，方法、措施与落实之间，还有很大的距离。我们在行动上尽力了、用心了，也收获了一些我们意想不到的喜悦与成功，但前面的路还很长，还需要我们带着新教育梦想，不忘初心，一起出发，扬帆远航！

课题研究类

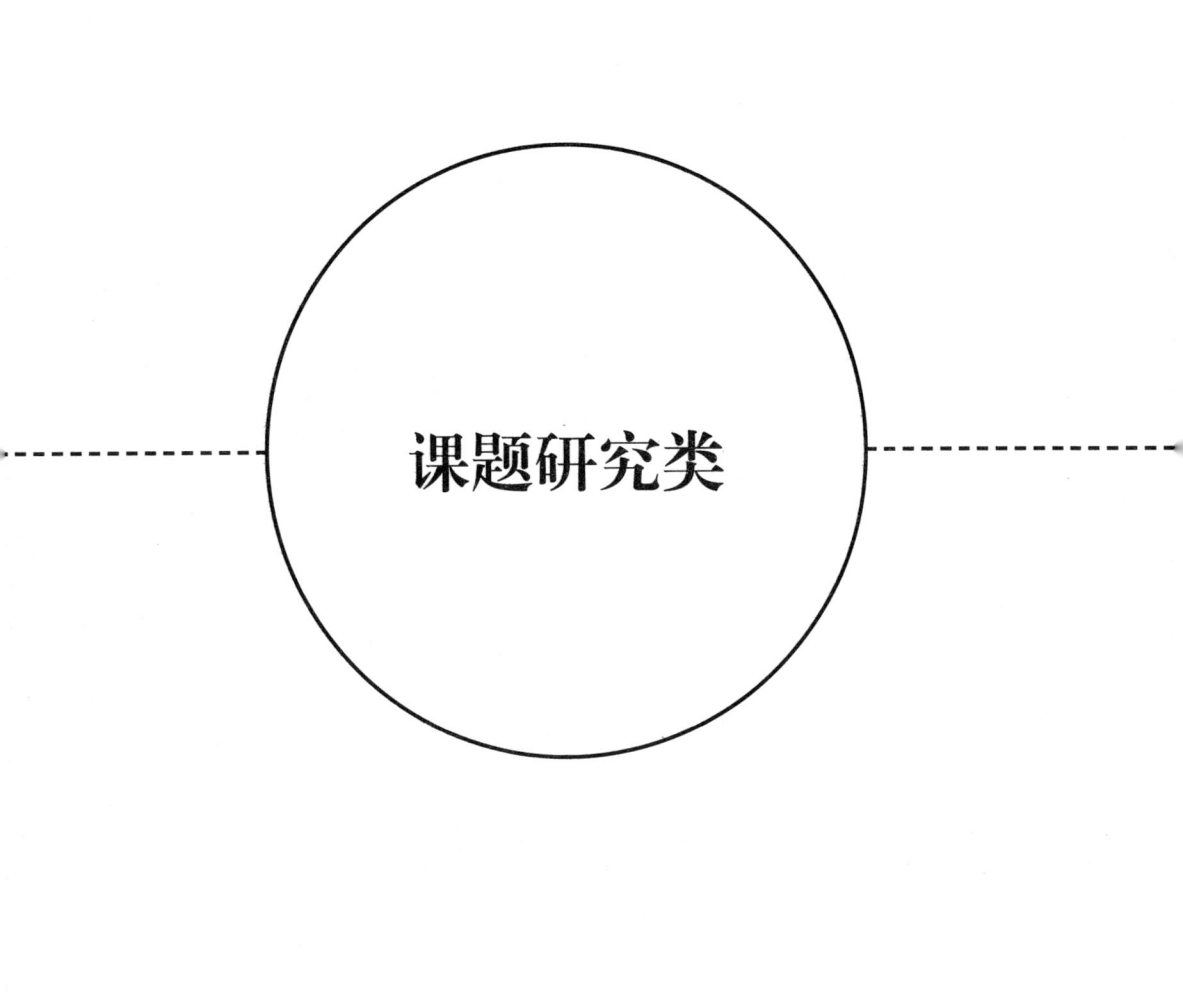

学生考试评价方式的探索与研究

一、研究背景

传统的考试评价，注重分数和名次，对于分数特别注意到了多得一分、少得一分的计较上，对于名次更是细致到了学生上升下降一两个名次上，有时一两个名次的差距很小，但是总要排出个三六九等，这很伤学生的自尊；教师、家长每次考试之后对着分数和名次批评学生，很快学生就没有了学习兴趣和干劲。

对于教师教学的评价，传统做法是计算平均分、优秀率、合格率，用平均分评价所教班级的整体实力，单纯用优秀率和合格率评价教师教学的质量，久而久之，教师只注重部分学生，不能面向全体，忽视了学生的整体进步提高，有较大的弊端，不利于学生发展和教师的因材施教、因生施教、因情施教。

学生考试评价，一直是学校教育教学管理的一道难题。实施无分数评价，采用常规等级评价，评价结果过于模糊。学校如何评价教师、评价学科，教师、家长如何评价学生，学生如何评价自己、他人，长期以来没有具体的办法可供遵循。我们往往将学习成绩好的学生归结为聪明好学，将学习成绩差的学生归结为基础差，不利于学生学习能力的提升。同时，学生家长对学生学习情况的认识也处于一种模糊状态，现行评价方法不能满足家长的新需求，学生考试评价亟需改革。

二、改革依据

考试评价是导向、是目标,评价的内容、方法、形式和过程直接决定着教师教什么、怎样教,学生学什么、怎样学。

1. 学生素质评价已取得成效

2011年5月13日,全市初中道德与法治课程改革与教学研讨会在陈毅中学举行。在本次会议上,学校分别从把握课程性质、明确改革方向,重组课程内容、重建管理体系、优化教学模式,提高课堂实效细化评价指标、完善评价体系等方面,作了题为"着眼于学生精神的成长"的道德与法治课程改革情况汇报。近年来,学校努力探索德育工作新路径,在道德与法治课程改革与教学方面,形成了自己的教育教学特色,走在了全市的前列。在道德与法治课评价的基础上,学校开始了其他学科考试评价的有效探索。

2. 考试改革适应新课标要求

考试作为学生评价的一种方式,必须体现新课程的基本理念,为促进学生全面发展服务。而要适应这一要求,学科考试就必须重视和坚持考试的教育性。考试的教育性主要体现在导向、激励和改进的功能作用上。新课程背景下的考试不能局限于鉴定、选拔的功能,而应突出和强调考试的基本功能——教育功能。学科考试的根本意义就在于它的教育性,即通过对学生学习情况的考察,发现教育教学上存在的不足,找出学生在学习中存在的缺陷,从而提出改进的建议,以有利于教学的改进和学生学业成就的不断提高,更好地促进学生的发展。因此,绝不能舍弃考试的教育性,无论是哪一学科或哪一级的考试,不考虑考试的教育性,一味追求如高信度、高区分度,必然背离其初衷。

三、实践操作

1. 命题管理

为了减少各学科的单元达标次数，真正落实上级的有关考试要求，又起到考试检测的作用，学校要求各级部备课组将每学期的内容进行整合，整合为3~4个模块（一般上学期因时间长整合为4个模块，下学期因时间短整合为3个模块），每完成一个模块，级部统一进行一个模块的单元达标，基本上一个月一个模块（第二个模块达标与期中考试结合，第四个模块与期末考试结合）。这样，一个学期大小检测各学科共3~4次，真正将考试次数减下来。

2. 评卷管理

评卷采取等级制，取消百分制。先用百分制评分，再转化为等级制，将分数去掉，卷面出现的是等级。具体做法是在考试前的试卷设置中，在试卷的右侧设置各题的得分栏及总分栏，便于按百分卷阅卷，阅完卷后级部统分排序。

3. 等级设置

考试成绩共设置20个等级，A、B、C、D四类各分五个等级，呈阶梯性。具体如下表1所示。

表1 考试成绩等级表

名次	等级	备注
前十名	A++	各学科及总分都按此方法转化。将等级书写在学生试卷上，把右侧得分由科任老师统一切去
11~50名	A+	
51~100名	A	
101~150名	A-	
151~200名	A--	
201~250名	B++	

续表

名次	等级	备注
251~300名	B+	
301~350名	B	
351~400名	B-	
401~450名	B--	
451~500名	C++	
501~550名	C+	
551~600名	C	
601~650名	C-	
651~700名	C--	
701~750名	D++	
751~800名	D+	
801~850名	D	
851~900名	D-	
901名以后	D--	

4. 方法管理

评价采取发展性评价。

（1）学生评价

以学年为单位建立学生学业成绩成长档案，在成长档案中，有学生的基础目标（一般以上学期自己考试等级成绩为基础）、追赶目标、采取的措施、综合能力及各学科的学习能力变化曲线图，每次达标的自我分析等。每次达标之后，学生都完成学业成绩成长档案中的有关内容，自己能一目了然地知道自己在单科中，哪一门下降，哪一门上升，以及综合能力的升降，便于指导自己以后的学习，也便于教师对学生进行有目的的教育。

如"朱XX"语文学科的等级为A+，而其总等级为A++，那么他的弱科就是语文，要达目标应为A++；"杨XX"语文学科等级为B+，那他的弱科达标目标至少应定为A+，或更高的A++；综合学习能力目标，就是根据总等级确定，应相等或高于总等级；超越目标为排在自己前面的同学；特长、习惯可从平时的第二课堂活动项目、音乐、体育、美术、学习与行为等方面的习惯确定。

（2）教师评价

建立教师所教学生等级成绩自我升降数据库，每一次达标，将自己所教学生的等级升降和与上一次升降和比较，来分析教师的教学情况，让教师明确努力方向。

将每个等级赋予一定数值，相邻两个等级之间相差1，将本次达标测试等级与上次达标等级进行比较，比上次低一个等级得-1，低两个得-2，高一个等级得+1，计算时只算低的，将本班本学科等级比较的值（负值）合计/本班人数，所得结果就是本任课教师所教学科达标的情况，本结果的绝对值越小，说明本任课教师教学效果越好，学生层次对应较整齐。

四、改革效果

考试评价改革绝不是一件一劳永逸的事情，其效果也需要实践的检验。从初步的改革来看，达到了以下目的。

1. 消除了三个误区

一是"无用论"，认为学生考试评价无用，最后升重点高中还得看中考分数；二是畏难情绪，总认为考试评价工作难以开展，这么多学生，评价内容和范围又这么大，工作任务重，有一种畏难情绪；三是投机心理，认为考试评价应该倾向那些中等偏上的学生，关注他们考试评价，可以使学生考上重点高中。

2. 解决了三个问题

一是评价目的模糊性，以往考试评价关注优秀率、合格率，从而忽略了个体及个体差异；二是评价方式的单一性，学生评价和教师评价相结合，使学生比较明了地知道自己所处的学习层次；三是评价结果的有效性，无论教师、家长或是学生，都能从考试评价中了解到被评价者的学习状态。

3. 实现了三个转变

一是转变了管理观念，细节决定成败，教育教学管理需要精细化；二是转变了教学方式，教师可根据细化的考试结果，找到教学中存在的问题；三是转变了学习方式，学生学习目标明确，学科强弱所处层次一目了然，学习有动力，赶超有方向。

基于翻转课堂理念的"三环四式"课堂教学模式的实践与研究

一、课题提出的背景

翻转课堂也称"颠倒课堂",就是通过对知识传授和知识内化的颠倒安排,在课堂外实现在线教学并且将"作业"带入课堂,以转变传统的教学模式。它的核心思想就是翻转传统的教学模式:教师创建教学视频和教学课件供学生使用,以往这些事件都发生在课堂之中,现在发生在学生家中,而教室则成为学生讨论问题、交流思想和合作学习的场所。这一模式受到很多学校的欢迎,据不完全统计,截至2012年初,已经有2个国家20个州30多个城市在开展翻转课堂的教学改革实验。通过该统计发现,翻转课堂的实施主要集中在中小学,教学科目主要为数学、科学等理科课程。在我国实施翻转课堂的案例很少,只有上海师范大学黎加厚教授在他的研究教育和重庆聚奎中学做过类似的实验。

在"互联网+"时代,教育的信息化发展已进入一个新的历史阶段,教育部《教育信息化十年发展规划(2011—2020年)》、山东省教育厅《关于加快推进教育信息化工作的意见》等各级文件中,对全面深化教育信息化,充分利用网络技术等都进行了深刻的阐释,教育教学信息化已为大势所趋。2013年暑假,陈毅中学部分教师把平时学习中暴露出的重点问题录制成多个短小精湛的微视频,上传到博客上供学生学习,让教师意外的是,发布在网上的微视频受到了学生的追捧,学生中掀起了网络学习的热潮。结合学校"三环四式"课堂教学模式,部分教师开始积极探索这一现代信息技术支撑下的新的教学模式,来促进学生个性化学习、提升教学质量。

在此基础上,为实现教育与信息化的深度融合,创建一种适应时代需要的教育教学新范式,学校通过构建空中学习联盟、实践翻转课堂、建设"电子书包"互动教室、搭建大数据平台等途径,全面提升了学校的教育信息化水平,开启了翻转课堂课题的深入探索与研究。

二、课题研究的实践意义

1. 注重分层教学

翻转课堂理念下的"三环四式"课堂教学模式,让学生自己掌控学习,利用教学视频,学生能根据自身情况安排和控制自己的学习节奏。这一模式承认了学生的个体差异,并能真正实现分层教学,为学生提供了个性化的学习空间和多种学习途径。

2. 实现了资源共享,扩大了资源利用率

微课程的制作与发布,改变了教育资源的存在状态,实现了教育资源的多路线、多途径传播,最大限度地实现了教学资源的共享。

3. 体现了以学生为主体、以教师为主导的教学思想

基于翻转课堂理念的"三环四式"课堂教学模式有利于破除以教师为中心的教育观念和以传授和灌输为主要方式的课堂教学模式。注重教学过程的优化设计,注重学生能力的培养,把培育生动、活泼的学生作为教育教学的核心价值,使学生成为一个具有自主学习态度、自主学习愿望、自主学习能力的生动、活泼、发展的人。

4. 提高了学生的学习兴趣

协作交流等活动的开展为师生互动和生生合作提供了机会。智慧的

碰撞，生生、师生之间大量互动，能够在很大程度上激发学生的学习动机，进而实现能力的提升和智慧的生成。

5. 促进教师的专业化成长与信息技术水平的提升

在"微课"制作的过程中，教师需要对所教知识有清晰、深入的理解，整理出知识体系，挑选核心概念与知识点，形成微课，供学生课外的学习。同时，教师制作微课的过程也是一个学习新技术、应用新技术的过程，微课的录制、剪辑、发布，都需要教师掌握更新的现代化信息技术，才能满足教学的要求，这对教师信息技术水平的提升具有重要意义。

三、研究目标

第一，通过对此课题的研究，逐步探索出以学生发展为中心的翻转课堂教学策略和方法，同时通过翻转课堂教学案例的研究，完善新的评价机制，形成翻转课堂教学的有效方法和模式。在此模式下，让学生成为学习的主体，能按照学生自己的节奏自主地学习，培养学生的自主、创新能力。

第二，力求创建一套适合本土实际、适合学校实际的微课程体系，各学科根据核心概念与核心知识点，深入挖掘学科内涵，开发出实用性、系统性强的微课程资源，进而组成学校微课程体系，共享陈毅中学公共资源平台，全面提升课程内涵，全面提升学校的教育教学质量。

第三，以翻转课堂研究为核心，搭建以现代信息技术为支撑的智慧课堂，打造智慧教育。通过电子书包互动教室建设、陈毅中学教育资源公共服务平台建设、专家讲座、教师培训、配套子课题研究等途径，实现课堂与信息技术的深度融合，真正将教育信息化的"最后一公里"落地。

四、研究途径和方法

该课题的研究思路从传统课堂和翻转课堂各要素的对比着手，进行教学环节的设计。

一是教师角色的转变。翻转课堂使教师从传统课堂中的知识传授者变成了学习的促进者和指导者。这意味着教师不再是知识交互和应用的中心，但他们仍然是学生进行学习的主要推动者。伴随着教师身份的转变，教师迎来了发展新的教学技能的挑战。在翻转课堂中，学生成为学习过程的中心，他们需要在实际的参与活动中通过完成真实的任务来建构知识，这就需要教师运用新的教学策略达成这一目的。在完成课前自主学习后，教师要检查学生的知识掌握情况，给予及时的反馈，使学生清楚自己的学习情况。二是课堂时间重新分配。翻转课堂的第二个核心特点是在课堂中减少教师的讲授时间，留给学生更多的学习活动时间。这些学习活动应该基于现实生活中的真实情境，并且能够让学生在交互协作中完成学习任务。其关键之处在于，教师需要认真考虑如何利用课堂中的时间，来完成"课堂时间"的高效化。三是学生角色的转变，在技术支持下的个性化学习中，学生成为自定步调的学习者，他们可以控制对学习时间、学习地点的选择，可以控制学习内容、学习量。学生需要根据学习内容反复地与同学、教师进行交互，以扩展和创造深度的知识。因此，翻转课堂是一个构建深度知识的课堂，学生便是这个课堂的主角。

该课题有以下研究方法。

（1）文献法

搜集整理与本课题相关的资料，了解与本课题相关的研究现状，认识本课题的研究价值，在充分论证的基础上，确定研究课题，形成课题研究方案。

（2）行动研究法

本研究将在自然、真实的课堂教学中，由实验教师按照"翻转课堂"的教学模式和教学教学理念，综合运用多种教学策略，在实践中不断完善和修改，最大限度地培养学生能力、提高学习效率，开发适合初中学科教学的翻转课堂教学平台，并创建适合翻转课堂教学模式的评价指标体系。

（3）案例研究法

详细完整地记录师生的综合实践活动过程，从教师的课前准备、思考，再到实践、课后的反思、他人的评价，对课例进行剖析，获得成功的经验。

（4）经验总结法

及时总结实验经验和教训，修改、完善操作措施。

五、研究步骤

第一阶段：申报立项阶段（2016年1月—2016年3月）。收集有关理论资料；学习相关的理论。

第二阶段：实验学习阶段（2016年3月—2016年7月）。成立课题领导小组；拟定课题实验方案；学习相关资料；确定实验班级；聘请专家进行开题论证。

第三阶段：全面实施操作阶段（2016年8月—2017年8月）。按课题实施计划，展开课题研究；开展研讨观摩活动和论文交流会；整理保管资料。

第四阶段：实践总结阶段（2017年9月—2017年12月）。结题，实践总结，推广经验；积累研究资料，进行理论分析，撰写成果报告等。

六、课题研究的组织

郑希刚：课题主持人，负责开题准备、成员培训、课题的统筹规划、课题组核心成员及分工。

朱振利：研究过程资料的整理、课题成果的推广、媒体宣传。

亓立芹：开题报告的撰写、研究方案的制订。

王静：阶段总结及结题报告的撰写。

七、预期研究成果

在2017年12月前，完成对该课题的研究，届时将提供所有研究过程的资料，以电子书包互动教室全方位展示、陈毅中学教育资源公共服务平台、公开课、论文、结题报告等形式呈现研究成果。

附录：课题研究文献

张跃国、张渝江：《透视"翻转课堂"》

杨刚、杨文正、陈立：《十大"翻转课堂"精彩案例》

何克抗：《建构主义——革新传统教学的理论基础》

余文森：《略谈主体性与自主学习》

顾柳敏：《基于"微课程"理论的地理合作课堂初探》

王芳：《翻转课堂，未来课堂教学模式》

钟晓流、宋述强：《信息化环境中基于翻转课堂理念的教学设计研究》

班主任对叛逆心理学生教育初探

初中阶段，是学生心理和生理上逐渐走向成熟的阶段，也是在心理上处于依赖和独立的挣扎阶段，即我们常说的学生叛逆阶段。叛逆心理是一种反常的情感体验和行为倾向，通常表现为情感的对立、抗衡和情绪上的嫌恶、不满，它和中学生执拗性紧紧地联系在一起，是中学生的一个鲜明的心理特点和年龄特征。其主要表现为：在家不听父母的话，在校不听教师的话；扰乱课堂纪律，不完成作业，时有逃课现象；对学校倡导的事往往对着干，甚至不时搞点恶作剧或破坏公物。他们对老师或父母的教育常会表现为很不服从，告诉他不能怎么做，他偏要那么做，甚至公开顶撞教师或父母。在这个阶段，他们不论在交往上、情感上、学习上、休闲上、前途选择上等，都会发生许多适应困难问题，人的个性要在这一时期获得定型，很多心理障碍也会在这一时期显露和形成。作为班主任，应该了解学生的心理变化，每发生一件事的时候，不要只观察表象，而要分析此时学生的心理状况，以及事件的背景、导火线是什么。对待叛逆的学生要有耐心，给他时间，而不是一味地"修枝剪杈"，应该挖掘学生的创造力，循循善诱，把他们引到正确的学习轨道，使其健康成长。

一、提高班主任心理素质，是实施心理教育的基础

青少年学生叛逆心理的形成，很多都与教师的教育方法不当有关。为此，教育者首先要着力于提高自身素养，包括心理素质、教育教学业务能力和职业道德水平等。教师要具备良好的教育心态，要把关心、尊重、爱护学生放在首位，把学生置于与自己平等的地位。在学生出现过激行为时，教师要善于运用教育机智和教育策略，巧妙化解师生冲突。班主任与学生接触最多、联系最为密切、对学生最了解、影响也最直接。因此，提高班主任的心理教育工作能力，做好心理教育工作就显得尤为重要。

1.心理教育意识要强

作为班主任，要充分认识到心理教育在教育中的重要地位和迫切需要，认识到有对学生进行心理教育的必要；对心理教育有浓厚的兴趣和强烈动机，并坚信通过心理教育能使广大中小学生获得良好的心理品质。

2.心理教育专业知识要充实

要进行心理健康教育就要根据学生的心理活动规律来确定心理教育的内容和方法。这就要求班主任要有扎实的教育学和心理学知识，依据教育学、心理学知识去指导和研究中学生心理和行动，使心理健康教育更具有针对性，及时发现问题、解决问题，及时教育。

3.心理教育能力与技巧要提高

心理健康教育不同于知识教育、技能教育，它不可能通过传授方式使学生获得。在很大程度上，它依赖于学生的情感体验。心理健康教育能否取得有效成果，从某种程度上说，就取决于班主任的心理教育能力。具体来说，这些能力就是：较强的心理健康教育的自学和研究能力，能及时认识和把握学生变化的心理状态；对心理健康教育的活动设

计与组织能力，使心理健康教育更具目的性、具体性；进行心理健康教育的实际操作能力，使心理健康教育更具成效性；善于同学生进行心理沟通的能力，实现与学生情感相映、心灵相通；在心理健康教育过程中激发学生情感的能力，激励与引导相结合，引导学生走出心理阴影。

二、恰当运用目标激励，是实施心理教育的关键

在班级管理中，班主任若使用恰当的目标激励，将能调动学生的积极性；若运用不当，则会阻碍学生心理素质的发展，所以班主任在实施目标管理时，要注意以下几个方面。

（1）关注目标的全面性

班主任不能仅仅盯着智力发育目标和知识目标，把对学生全面发展的要求变成单纯对文化课考试成绩的追求。这种片面追求升学率的单一目标选择，不仅易使学生出现烦恼、紧张等负面情绪，而且对学生能力的发展、个性的完善、潜能的开发、心理素质的优化均会产生不良影响。

（2）关注目标的个性

班主任要在全面了解学生生理、心理发展现有水平的基础上，为不同的学生设置不同的适合他们各自特点的目标水平。目标水平过低，起不到激励学生发展的作用；目标水平过高，连续失败会引起学生的挫折感，易形成自卑、胆怯、自暴自弃等不良品质和消极的自我概念。

（3）关注目标的恰当性

班级管理的实践证明，过多的竞争易使获胜者夸大自己的能力，形成不恰当的自我概念；易使失败者降低自我评价，产生一种潜在的无助感；而合作若引导不当，会使学生养成过于依赖、坐享其成等不良习惯。这些都会对学生心理素质的发展产生不良影响。

过高的教育教学目标、过重的学习负担，是学生产生逆反心理的

重要原因之一。在对学生进行品德行为指导时，要认真分析学生的思想状况和心理要求，准确把握学生品德发展的阶段和水平，在教育策略上要循序渐进，切忌急躁冒进，尽可能避免师生对抗情绪的产生。对学生须真诚相待，并主动与他们沟通思想，通过交谈，统一认识，达成协调感情以取得学生信任的目的。为此，要主动与学生谈心、交朋友，尊重其人格，发现闪光点，给予其信任和激励，用其所长，启迪其自爱、自强，确立适合学生实际的教育目标和要求。如我校一名男同学，爱好运动，不喜学习，而家长管教甚严，最终导致矛盾尖锐，常与教师对着干。针对其特点，我先与其家长交谈，使家长认识到孩子的特点；再与学生交谈，使其理解家长的苦心；最终母子和好如初。同时，我布置适合他自己学习实际的作业，这名学生对学习有了兴趣，自信也足了。现在，大多数教师反映这名学生比以前进步了。

三、构建与学生的和谐关系，是实施心理教育的重要途径

1. 重疏导

对学生中已经或既将发生的负向叛逆心理，教师切不可采用压制和强制服从的办法，要认真做好疏导工作。学生产生负向叛逆心理，内在的原因是他们缺乏社会经验和识别是非、善恶的能力，看问题容易简单片面，但他们思想开放、单纯耿直、敢想敢说，只要道理明白了，转变态度也就指日可待。首先，对这类学生的疏导重在讲明道理，消除错误的认知因素；其次，要把握和捕捉有利的教育时机，打动学生的情感，引起情感共鸣；最后，要因势利导，循循善诱，利用学生乐于接受的方式方法和教育媒介，提高疏导工作成效。

2. 重认同

在班级管理活动中，经常出现学校和教师对班级提出的要求与学生心理有差距，班主任要从全局出发，及时沟通，纠正学生心理上的偏

差，使学生的心理趋向与群体目标保持一致。加强心理沟通以求得学生的心理认同，融洽师生关系，从而可以达到培养健康、和谐的班集体心理氛围的目的，使每个成员都感到生活集体中的满足感和责任感。

3. 重理解

作为班主任，平时就应该让学生学会理解他人，在处理师生关系问题上应该学会理解教师，具体的做法是让其"心理换位"，把自己当作教师，学着用教师的观点去分析看待问题，从教师的工作性质、工作目标出发，来理解教师这样做的理由，这样许多矛盾就会被化解、消散。在班级生活中，学生间出现分歧或矛盾，在所难免。一方面，要让学生懂得，人生在世，各种矛盾冲突也是难免的，涉及原则性的矛盾冲突，当然应该争出个是非；另一方面，在非原则性的矛盾冲突发生后，即便是自己有道理，也不能得理不饶人，如果因为自己有道理就去"据理力争"，不愿退让，其结果必然是让对方，更让周围其他人难以接受。解决矛盾冲突的过程应本着"有理也要有礼"的原则：若是在矛盾冲突中自己是无理的一方的话，那更应该主动认错，多赔不是。这样，学生就会认识自身欠缺，主动与他人协作，在更高层次上恢复心理平衡。

古人云："知其心，然后能救其失也。"现代的教育发展要求教师"不仅是人类文化的传递者，也应该是学生心理的塑造者，是学生心理健康的维护者。"心理健康教育也许不是一个班主任的主要任务，然而作为一班之"主"的班主任，能否以科学而有效的方法把握学生的心理，因势利导地促进各种类型学生的健康成长，对教育工作的成败起到决定性的作用。

源于尝试　成于坚持

莱芜市地处山东省中部，古称"嬴牟"，这是一片英雄辈出的热土。春秋时期的长勺之战为世人留下了"一鼓作气"的典故，1947年的莱芜战役更是打出了人民解放军的士气与精神。

一、困惑——山重水复

就在陈毅中学挂牌之初，恰逢城内学校取消晚自习，规定一出台，舆论哗然，人们纷纷质疑："学生在校学习的时间缩短了，学校的教育教学质量如何保证？"当时，学校领导和老师也觉得这是一个棘手的问题。学习内容不变，学习时间却在减少，要解决这个矛盾，唯一的方法就是提高课堂教学效率。那课堂教学效率又应当如何提高呢？——这还得要借助教师的智慧。学校事先给老师们布置了"作业"，又利用教学研究活动时间让他们各抒己见。

"提高效率好办，那就快点讲！"有人这样说。

"讲快了学生接受不了怎么办？"立刻有人批驳。

"单纯加快讲课速度肯定不是好办法，我想，我们可以把课堂上多余的东西去掉！"有人这样说。

"什么东西多余？"立刻有许多人追问。"就是删掉不影响学习效果的东西！"他们得到了这样的回答。

"对呀！我们是得好好反思反思，我觉得教师就应当做到废话少说，讲废话就是耽误学生宝贵的学习时间……"

这里话音刚落，随即有人补充："可不是嘛！学生会了的，我们没必要再重复了，重过来重过去，学生都听厌了！"

"俗话说得好：'勤娘懒子女。'学生要自主学习，教师千万不能包办！"

不可否认，这是一次特殊的教研会，是一次对教学方法的重新审视。通过教研，学校把目光聚焦在课堂上，组织领导干部和骨干教师开展了全方位的课堂观察，任务只有一个——看看我们的课堂上有没有多余的东西。带着这样一种朴素的想法，陈毅中学开始给课堂"减肥"，并且提出："学生能自己学会的，我们坚决不讲！"

道理说起来简单，可落实起来就难了。给课堂"减肥"让许多教师不适应，过去衡量一堂课的好坏往往是看教师讲得深不深、透不透，现在讲得多的教师却因"课堂臃肿"而受到了批评，许多人纷纷感叹："跟不上形势了！"同时，伴随而来的还有一种不好的现象：一些教师讲课畏首畏尾，生怕落下"课堂肥胖症"。

二、探索——柳暗花明

恰在此时，莱芜区教育局号召全市学习尝试教学法，陈毅中学人恰如《桃花源记》中的"武陵人"，眼前豁然开朗——让学生去尝试，不会的我们就点拨，会了的我们就不讲。由此，尝试的风潮渐渐形成，"尝试"成为陈毅中学的热词。伴随着尝试教学的探索与实践，学校提出了体现尝试教学理念的生命化课堂教学改革方向。

2006年，以"自学—交流—展示"为基本特征的生命化课堂构思日趋完善，形成了包括背景分析、理论思考、指导思想、模式构建、实施步骤在内的生命化课堂教学研究实施方案，学校的课堂教学改革进入了新的阶段；各学科教研组同心同德、群策群力，初步构建起以小组教学为基础的、适合本学科特点的教学规范。

2007年，学校对全体教师的课堂教学进行了阶段性验收，我们欣喜地看到，三年的奋战取得了丰硕的成果："满堂灌"的现象已经绝迹，取而代之的是学生自主生成问题、小组讨论解决问题；小组间的交流使每一名学生的每一个疑问和困惑，都能在第一时间内找到可以帮助的"辅导教师"，真正实现了个性化教学；小组成员之间相互监督、相互管理、相互帮助、相互促进，建立起了基于自信、互信、欣赏、激励的和谐氛围，学生兴奋地说："现在，课堂就是创新尝试、展示自我的舞台！"

2008年4月，在莱芜区教育局组织的初中有效教学启动会上，学校提供了全员参与、全面开放、全班展示的课堂教学现场；2008年10月，学校的课堂教学改革成果展示在山东省"人文素养"课题研究总结会上引起了强烈反响，受到了与会专家和领导的高度赞扬。

学校依托教科研，在尝试教学改革的道路上取得了可喜的成绩，至2010年3月，生命化课堂教学改革取得了丰硕的教研成果，学校先后提供各类教学现场5次，产生了较大的影响。

三、实践——源头活水

2010年，学校依据尝试教学思想，规划了"生命化课堂教学的实践与研究"课题研究，形成了17项学科子课题，在课题研究推进的过程中，学校实施了"解读文本，研讨课堂"系列教学研究活动。该项活动的开展，从"文本"和"人本"两个角度对课堂教学进行了深入的探讨，扎扎实实地推进了生命化课堂教学的进程，课堂教学基本模式得到了进一步规范。语文学科进行了如下实践。

新授课"四读教学法"：初读课文，整体感知；自读自悟，引导点拨；精读鉴赏，深层品味；熟读积累，拓展运用。

作文课教学模式：激情导入，明确目标；创设情境，说话训练；紧扣目标，专题点评；开放思维，自由写作；点评作文，归纳方法；自主修改，互批展示。

复习课教学模式：目标确认；自主复习，归纳整理；小组合作，交流展示；精讲点拨，总结提升；强化训练，检测达标。

英语学科则在"自学—交流—展示"的总体构想下形成了七种课型：听说课、交际课、读写课、阅读课、复习课、语法课、矫正课，每一种课型都有相应的操作规范。例如，听说课按照"预习检查—交流提升（阶梯性训练—听力训练）—归纳总结—交流展示—达标检测"的顺序进行，交际课则按照"预习检查—交流提升—归纳知识—交流展示—达标测试"的顺序进行。

2011年1月，学校课题组将各学科基本课型及相应的教学案例、教学反思汇编成了《生命化课堂》一书，并作为指导教师开展课堂教学改革的"案头书"。生命化课堂的提出和初步落实解决了师生教学和学习的方式问题，让全体师生从理念上走进了新课程，主要解决了学生学习知识的生命化问题。如何实现尝试教学到尝试教育的延伸，从而张扬学生个性特长、锻造学生健全人格？这一问题实实在在地摆在了我们面前。

四、提升——风正扬帆

关注精神引领，陈毅中学有得天独厚的条件。在尝试德育教育理念的推动下，将"生命化教学"升华为"生命化教育"，构筑学生的"精神长城"，即更加注重以人为本、全面发展的教育理念，并将尝试教育理论应用到以德育人的各个领域。为此，我们以陈毅精神为育人之魂，以培养学生健全人格为落脚点和出发点，大力实施"尝试德育"育人工程。

　　课堂德育。我们将尝试德育首先落实在课堂上。一是"德育5分钟"主题课堂。教师围绕学生行为习惯的养成教育进行选题，如学生学习兴趣培养研究、自律意识研究、作业习惯的养成研究、礼貌与礼仪习惯的培养与教育、科学用脑的引导与研究、广泛兴趣的培养与引导等，对学生进行基本的道德、理想、信念、行为习惯和生存能力的培养和教育。二是班级常规班会课课堂。我们将班级常规班会课课堂规范为"五体现"：体现班级分组式自我管理的班级管理模式；体现一周内学生具体问题的发现与教育；体现学生综合素质五个维度的管理评价倾向；体现学生共性突出问题的解决与研究；体现整体激励与评价。三是校本课堂。我们将道德与法治课、地方、校本三级课程中的教育内容整合为"新德育"，形成了"知情明理课""践行评价课""主题活动课"道德与法治课堂教学模式，构建了以道德与法治课堂教学为主渠道的陈毅中学德育课程体系，真正形成了一个德育大学科、校本大课堂。

　　自主德育。针对当前学校管理工作中的薄弱环节，学校落实"以人为本，自我教育，共同进步"的班级自治理念，把学生也纳入全员育人管理体系，让学生也成为育人者。为此，学校结合尝试教育理念和学生自我管理的经验，提出了如下基本框架，即：班级育人小组—班主任—包班教师A（学习委员—各课代表—学习小组—学生个人）、包班教师B（团支书—艺术、体育）、班长（纪律、卫生、仪表安全、组宣）。这一套体系的构建，实现了自主育人全覆盖、自治管理全参与。学校实施班级自治的一个最显著的特色是实施了"横到边、纵到底"的"两条线管理法"。学生在自主管理时，也进行了自我教育。2011年，初二的一名学生身患重病，到北京市、上海市等地求医看病，生活困难，学生伸出关爱之手，在班内自发捐款，此举影响了广大师生，在全校捐献爱心活动中，共捐款5万余元。

实践德育。学校以"弘扬陈毅精神"为核心，积极开展社会实践活动，如参观莱芜战役纪念馆、徒步行走齐长城、重温莱芜战役路、探访"山东红嫂"韩玉珍老人等活动，让学生身临其境，在亲身体验中受教育；学生还利用节假日、休息日走进社区进行社会调查，用画笔、相机记录社会新风尚，通过调查、反馈的形式，促进了学生、教师、家长、社会人员文明行为的养成和提高，发挥了很好的教育辐射作用；以主题教育活动为载体，培养学生的综合素质，如"与感恩同行""我身边的礼仪""安全伴我行""我的人生规划""青春碰碰撞"等活动的开展，促进了学生人格的健全发展。

尝试教育催生生命之花。近年来，学校获得了尝试教学理论研究与实践全国示范实验学校、全国语文教学改革示范校、山东省教学示范学校、山东省德育工作先进学校、市教育教学工作先进单位、市新教育实验示范学校等荣誉。十年来，学校共培养了40名全市中考前十名的学生，1 000多名全国重点大学学生。陈毅中学尝试教育理念下的生命化教育如泥土般朴素，但陈毅中学人却分外珍爱。因为，它来源于全体师生对尝试教育理念的坚持，是我们心血的结晶，更是流淌在我们血液里的教育理念。

初中道德与法治课程改革的探索与实践

一、初中道德与法治课程改革势在必行

1. 对道德与法治课程的定位与认识

初中道德与法治课程是为初中学生道德与法治课健康发展奠定基础的一门国家必修课程。道德与法治课程帮助学生提高道德素质、形成健康的心理品质、树立法律意识、增强社会责任感和社会实践能力，引导学生在遵守基本行为准则的基础上，成长为"四有"好公民。它是一门德育课程，是学校德育工作的主要载体。

初中道德与法治课程以"成长中的我""我与他人的关系""我与集体、国家和社会的关系"为主题，涉及心理健康、道德行为、法律意识和国情教育四大领域，以德育教育为最主要任务，因此它与传授文化知识中渗入德育内涵的其他学科教学相比，并不以传授文化知识作为其主要功能，而是借助文化知识载体，对中学生进行思想、道德、法制和心理品质教育。

2. 当前学校德育教育与道德与法治课程的现状

我国目前的学校德育教育普遍缺乏吸引力。单就德育课程看，有调查统计显示，在初中学生最喜欢的课程中，道德与法治课程排在第10位（共14门课），在最不喜欢的课程中排在第3位，有近1/10的初中学生将道德与法治课列为最不喜欢的课程。事实上，绝大多数中学生并不拒

绝道德与法治教育，而是反感教学内容与生活实际的脱节、教材呈现方式的单调刻板、教学形式的枯燥和评价方式的单一。

在道德与法治课中，我们经常见到教师按照《道德与法治》教材内容的要求，用一般的文化教师那样的方式一丝不苟地完成教学任务。但教学内容与学生的生活实际关联度不高，教学方法教条呆板，教学目标要求以强化记忆为主，学生缺乏必要的心理体验，教育主体对于所接受的内容不能与自身的心理、思想、行为、道德意识、法制观念产生共鸣或对比，以至于学生接受完道德与法治教育仍对发生在自己身上的低级错误或粗陋的原始品质不能改正，对于发生在身边的不遵守社会公德的现象熟视无睹。

班主任工作、团队会活动、课外活动、校园文化活动、社区活动、德育管理工作、家庭教育等都应是德育教育的多种有力补充形式和重要落实途径，形式活泼，注重实践，应该说对学生的德育教育更为有效。但是长期以来，这些德育教育形式的落实和管理往往和道德与法治课程的管理不能隶属于同一管理体，致使这些教育活动缺乏主题性和序列化，不能与道德与法治课程体系相得益彰，造成德育教育效果的低下、教学劳动的重复、时间和资源的浪费。

由上可知，当前学校的德育教育是缺乏实效性的，道德与法治课程作为德育教育的主渠道，其应有的教育作用没有得到充分发挥，重新审视和改进道德与法治课程的教学内容和教学方式，构建全新的道德与法治课程观迫在眉睫。我国18岁以下的未成年人数量庞大，作为学生，他们的思想道德和科学文化素质如何，直接关系到中华民族的整体素质，关系到国家的前途和民族的命运。因此，初中道德与法治课程改革势在必行。

3. 道德与法治课程改革的主要理论依据

第一，依据"最近发展区"概念，我们提出了道德与法治课程改革必须处理好教学、学习与发展之间的辩证关系。强调教学首先要确定学生已有发展水平和潜在发展水平，教学要走在学生发展的前面，利用学习最佳期促进学生发展等。该理论对于促进教学观念的更新、新的教学模式和教学方法的不断产生大有裨益。

第二，依据建构主义理论，教学就是要努力创造一个适宜的学习环境，使学生能积极主动地建构他们自己的知识。教师的职责是促使学生在"学"的过程中，实现新旧知识的有机结合。道德与法治课程改革始终贯穿了"引导学生质疑、调查、探究，在实践中学习，促进学生在教师指导下主动地富有个性地学习"这一理念。

第三，依据课程改革新理念，道德与法治课程改革必须积极倡导以学生的发展为本，倡导课程结构的均衡性，倡导课程内容的现代化，倡导学习方式的变革，倡导发展性的课程评价。

二、初中道德与法治课程改革实施策略

（一）改进和重建道德与法治课程内容与管理体系

学校依托陈毅精神建校育人，充分整合各项德育教育资源，以《义务教育道德与法治课程标准》中关于初中学生道德与法治教育的"三大主题""四大领域"作为学校德育教育的基本框架，将陈毅精神融入其中，整合"道德与法治""传统文化""安全教育""陈毅精神伴我成长"等国家、地方、校本课程，把德育教育的各项目标分解到教学活动中，借助学科课程德育、社会实践活动、行为规范德育、社会环境育人四个德育平台，拓展道德与法治课程的外延，实现了道德与法治课程教学与学校实际、学生实际、社会实际的紧密结合。

学校将原"道德与法治教研组"分设为"德育教研组"和"道德与法治教研组"两个教学研究组。"德育教研组"包括初一道德与法治备课组、初二道德与法治备课组、初一至初三的校本与地方备课组和健康

教育备课组;"道德与法治教研组"主要包含初三道德与法治备课组。学校创立"德育教研中心",统一管理"道德与法治课程研究中心"和"德育教育研究中心",提高德育的实效性。

1."德育教研中心"的结构体系(如图1所示)

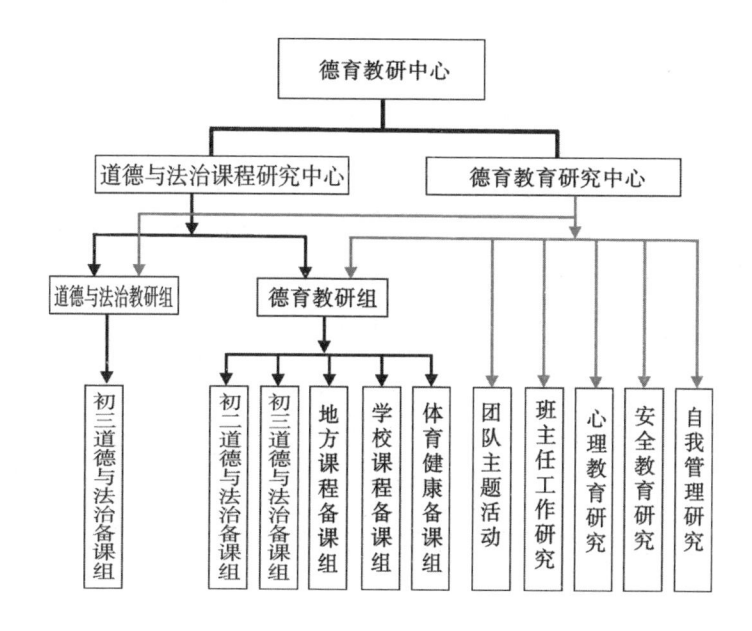

```
                        德育教研中心
                             │
        ┌────────────────────┴────────────────────┐
   道德与法治课程研究中心                        德育教育研究中心
        │                                          │
   ┌────┴────┐      ┌──────┬──────┬──────┬──────┬──────┬──────┬──────┐
 道德与   德育    初二   初三   地方   学校   体育   团队   班主   心理   安全   自我
 法治    教研    道德   道德   课程   课程   健康   主题   任工   教育   教育   管理
 教研     组    与法   与法   备课   备课   备课   活动   作研   研究   研究   研究
  组             治备   治备    组     组     组            究
         │      课组   课组
   初三
   道德
   与法
   治备
   课组
```

图1 德育教研中心结构体系

2."德育教研中心"各分支机构的主要工作任务

(1)"德育教研中心"机构的主要任务

①协调并审批各德育课程研究分支机构制订的工作计划;②监督各德育教育组织的工作落实;③结合《义务教育道德与法治课程标准》和学校实际情况,制订并监督实施学校的德育课程计划;④考核评价各德育教育组织的工作成绩。"德育教研中心"下设"道德与法治课程研究中心"与"德育教育研究中心"两个分支机构。

(2)道德与法治课程研究中心的主要任务

①监督各级部道德与法治备课组和地方校本备课组认真研究学科教

学内容，形成课堂教学的系列主题教育计划；②整合道德与法治备课组和地方校本备课组提供的主题教育计划，补充学校和级部的德育教育主题任务，形成各级部系统完善的学生德育课堂教学系列主题；③科学分配系列主题教育计划的承担者，调整上课顺序和课时分配，确保道德与法治教师与地方课程教师相互配合共同实现高效课堂教学；④监督道德与法治教师与地方课程教师的课堂教学效果，考核评价道德与法治教师与地方课程教师的教学过程和教学业绩。

（3）德育教育研究中心的主要工作任务

①依托各级部制定的系统完善的学生德育教育系列主题，结合学校德育工作计划，设计相应的德育主题教育活动与学生行为管理方案；②监督各项活动的组织单位按计划制订切实可行的活动方案高质量地组织各种教育活动；③做好班值日、学生会等学生道德行为监控组织的管理和德育宣传教育阵地的建设工作；④做好班主任、道德与法治教师、地方与校本教师在德育教育活动参与和学生道德行为管理等方面的考核评价工作；⑤代表学校主持完成学生综合素质评价工作中的"公民道德与素养"的系统评价工作。

3. 德育课程体系的构建流程和具体内容

以道德与法治课程为载体，以道德与法治课堂教学为主渠道，以文明礼仪教育、环境教育、安全教育、人生规划、健康教育等地方与学校课程为道德与法治课程的补充形式，以班值日、班团队活动、社团活动、校园文化活动、社区服务等主题教育活动为道德与法治教育的践行教育阵地，以全员育人和分组管理为主要形式，落实学生道德行为管理，树立大道德与法治教育观。

（二）改革道德与法治课的教学模式

陈毅中学道德与法治课共分三种课型：知情明理课、践行评价课、主题活动课。

知情明理课流程为：情景导入、明确任务；活动、合作、探究；归纳总结、情感升华。践行评价课是知情明理课的实践与延续，教学流程是：课前准备；情景导入、明确任务；活动、合作、探究；归纳总结、客观评价。主题活动课是针对学生的某种典型思想与行为现象开展的有针对性的课内外、室内外实践（或模拟实践）类活动课。此类课型，是对前两类课型的重要补充，其目的是以实践（或模拟实践）的方式让学生深化知识、激发情感、强化意志、锻炼行为。教师或部门通过组织学生参加社会调查、参观访问、社区服务、公益活动，办展览、墙报等活动，或者开办互动类主题教育讲座、设置模拟法庭、组织心理辅导等模拟类实践活动，尽可能多地让学生在实践中学习、在实践中体验、在实践中自我转化。

（三）改革道德与法治课程对学生的评价

评价初中学生学习道德与法治课程内容、接受学校系列化德育教育的效果与水平，应该从学生的心理素质、道德行为、法律意识和对国家、社会的责任感的认识和发展变化情况进行。真实、公正、可信、客观、有效的学生德育水平评价，有利于使学生形成良好的道德与法治，成长为负责任的好公民。弱化答卷考试、条目背诵类的文本考试性评价，强化学生道德与法治的行为表现的考察评价，构建全新的学生德育教育水平评价体系势在必行。

第一，完善道德与法治、地方与校本教师对学生评价的评价体系

地方与校本教师是学校对学生开展系列化德育主题教育的主要承担者，指导这些教师建立对学生科学的评价体系，是德育课程评价改革的关键。

第二，强化班主任工作的培训，指导班主任建立科学的班级自我管理模式，搭建良好的德育教育平台。班主任不仅要有科学的方法构建优秀的班级管理模式，更是对学生进行德育教育和各种评价的重要力量。

学校充分借鉴魏书生、李镇西等教育专家的先进管理经验，结合学校实际依托班级分组管理的基本模式，指导教师科学构建具有陈毅中学特色的班级网络式管理模式，细化学生各项行为的自我教育与管理，并且由班主任主导将学生各项行为表现的评价纳入学生综合素质评价之中。

第三，构建学生综合素质评价中的"道德品质与公民素养"的科学评价体系，解决道德与法治课程评价的结果利用问题。依据莱芜区教育局《关于实施初中学生综合素质评价制度深化高中阶段学生招生制度改革的意见》文件精神，初中学生的综合素质评价分为道德品质与公民素养、学习态度与能力、合作交流与实践探索、运动与健康、审美与表现5个维度，其中排在首位的是"道德品质与公民素养"，体现了国家和教育主管部门对德育工作的高度重视。如何公平、公正、公开地落实学生"道德品质与公民素养"的评价工作，这一维度到底应该由哪些教师来担当评价的主体，评价指标应该由哪些项目构成？陈毅中学已经总结出一套完整而科学的评价体系。在"道德品质与公民素养"维度的评价上，教师、地方与校本教师及班主任的评价就占据主导的地位，具体有以下操作方法。

（1）"道德品质与公民素养"评价的项目（如表2所示）

表2 "道德品质与公民素养"评价项目与权重

项目	自评	互评	师评
权重	20%	20%	60%

（2）"自评"的操作方法

学生自评由学生的班主任组织进行，学生自评的参考指标由政教处组织各级部的班主任代表、道德与法治备课组长、地方与校本备课组长在学生自评工作开始前共同制订，其评价指标应该涵盖本学期各个级部的德育课程体系基本框架中的各个教育主题内容。

（3）"互评"的操作方法

互评由班主任主持，以学习小组为单位进行，评价过程中遵循如下程序进行。①学生向小组成员自述个人基本情况（自述内容应涵盖自评时的各项指标）；②小组长提供所有小组成员一学期中的表现记录（陈毅中学建立了《小组长工作手册》）；③小组成员在评价表上对组内每一个成员进行评价并签字；④小组长汇总组内互评信息形成小组互评结果上报班主任

（4）"师评"的操作方法

陈毅中学规定学生"道德品质与公民素养"的教师评价参照以下指标和权重进行。（如表3所示）

表3 教师评价指标和权重

项目	权重	评价依据
班主任评价	40%	依据班级内对学生各项行为习惯平常的观察记录进行综合评价
道德与法治课程教师评价	40%	依据道德与法治教师按照学校规定的学生评价体系规定的各项指标完成的最终评价
地方课程教师评价	10%	依据地方课程教师按照学校规定的学生评价体系规定的各项指标完成的最终评价
学校课程教师评价	10%	依据学校课程教师按照学校规定的学生评价体系规定的各项指标完成的最终评价

（四）改革学校对德育教育主要承担者（道德与法治教师、地方和校本课程教师，健康教育教师、班主任等）的评价策略

做好德育教育主要承担者的评价工作，是有效落实学校德育工作的关键。针对道德与法治教师、地方和校本等课程教师、班主任教师的德育教育工作水平评价问题制订专门的评价制度，并将道德与法治教师、地方和校本课程教师的考核评价单列，避免这些学科边缘化现象的发

生，评价过程突出教育过程和教育效果的多元化评价，逐步淡化或取消考试成绩的评价，具体评价思路如下。

1. 班主任工作的评价

由政教处主持，教导处、级部等学校各部门分别承担一定的考核评价指标，共同实施评价。评价过程中突出各班学生行为表现评价和班主任组织的各种教育活动与班风、学风建设情况的评价。考核结果作为核定班主任工作水平的重要指标，以分等级核定班主任工作量的形式进入学校总考核方案。

2. 德育教研组教师评价

德育教研组教师教学业绩评价参照以下指标组织进行。

第一部分：教育活动考核（60分）。按照校内常规活动和上级组织的活动两部分对教师参与情况进行量化积分，根据得分高低进行排序，赋分后计入考核。

第二部分：教学活动考核（40分）。包括：①课堂教学水平评价（10分）；②教学过程评价（15分）；③教学效果评价（15分）。

第三部分：学校应急工作视完成情况和质量量化积分。该项为加分项，由各部门积累，最终政教处汇总，每项加1~2分。

3. 道德与法治教研组教师评价

道德与法治教研组教师教学业绩评价参照以下指标组织进行，其他评价项目参照学校考核方案中的相关规定执行。

第一部分：教育活动考核（30分），按照道德与法治教研组学科教育活动对教师参与情况进行量化积分，根据得分高低进行排序，赋分后计入考核。

第二部分：教学活动考核（70分），按学校教学考核制度进行。

三、初中道德与法治课程改革取得的主要成果

（一）建立健全陈毅中学德育课程体系

新的德育课程体系具有以下特点：①以《义务教育道德与法治课程标准》为基本框架，整合了学校各种德育教育资源，形成以道德与法治教师为核心的德育教育合力；②遵循学生年龄特点分学期、分级部制定，使德育教育更具针对性；③结合学校发展定期修改，建立生成性的德育课程体系，使德育教育更富活力。（如图2所示）

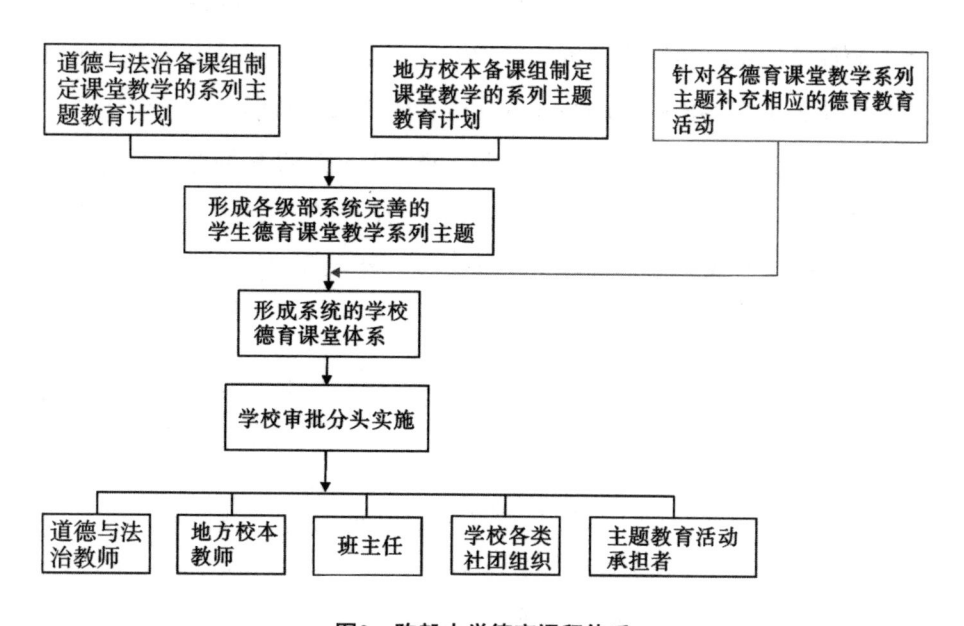

图2　陈毅中学德育课程体系

（二）形成了一套独具风格的课堂教学新模式

道德与法治课程是引发人的"思想风暴"的课程，不能触及人的思想"灵魂"的道德与法治教育，是无效的教育。只有优化了道德与法治、地方与校本课程的课堂教学，构建出能够引发学生"头脑风暴"的"生命化课堂"，才能落实好德育的有效性问题。

学校结合学校的生命化课堂体系，从关注生命、关注人的发展、关注学生的道德情感和道德体验出发，将活动式教学引入德育课堂教学，经过多年的探索实践，逐渐形成了一套独具风格的课堂教学新模式：知情明理课、践行评价课、主题活动课。三种课型，各有侧重，互为补充，在遵循学生学习和成长规律的基础上，为学生良好道德与法治课的形成提供了较为完整的"序列"。

（三）建立了一套科学的多元化评价体系

以学生是否具有良好公民的态度、能力、价值观和行为为依据，从懂、信、用相统一与知、情、行相统一两个方面指导教师建立起了一套科学的评价体系。在综合评价的基础上，更关注个体的进步和多方面的发展潜能，重视评价的激励与改进功能，弱化条目背诵类的考试评价，强化学生行为表现的考察评价，重构了道德与法治课程的评价系统，设立五类评价指标：行为观察评价、教育专题评价、主题活动（实践活动）参与情况评价、阶段性评价、期末终结性评价，促进学生全面发展（如表4所示）。

表4 学生多元化评价体系

评价指标	比值	评价的主要内容	评价方法与评价形式
行为观察	20%	记录和评价学生在本学科学习过程中表现出来的各种日常行为	课代表协助任课教师做好日常观察和记录，每月总结评价一次
教育专题评价	20%	任课教师在完成某个德育主题教学任务后对学生在该方面的表现情况做出的有针对性的评价	自评、互评、教师评价，对于在某个方面存在严重问题的学生，教师不仅要指导学生做好客观真实的评价，还要做好有针对性的个性辅导和教育
主题活动（实践活动）参与情况评价	20%	根据学生在参与教师组织的德育主题活动及各种实践活动中的参与情况及行为态度进行评价	针对开展的主题活动有针对性地记录和评价，可以评价活动过程中的表现，也可以评价活动结束取得的成果和过程

续表

评价指标	比值	评价的主要内容	评价方法与评价形式
期中阶段评价	20%	由任课教师设计涵盖本学科各个领域的评价量化指标，组织学生进行阶段性系统评价	思想交流汇报会、个性案例评析、班级或小组评议会等多种形式
期末终结评价	20%	期末开放性考评活动学习过程中学生针对每个德育教育专题积累素材，结合自身实际形成专题小论文	学期末任课教师利用两周的上课时间，对每个学生进行论文答辩，答辩要求学生从本学期的所有德育专题中抽签确定一个答辩主题，面向全班学生答辩

四、初中道德与法治课程改革的效果与反思

道德与法治课程改革更好地适应了素质教育和新课程改革的要求和道德与法治课程标准教学要求，进一步发挥了道德与法治课在素质教育和德育教育中应有的作用。陈毅中学道德与法治课程改革经验文章《新课程　新课堂　新评价——构筑学生的"精神长城"》在《中国教育报》上发表；《"三个延伸"构建德育新机制　培养新时代新公民》获山东省中小学德育工作优秀案例；郑希刚在2013年山东素质教育论坛作了"实施'三新'教育聚焦学生精神成长"报告；吕会在中国教育学会北京关爱家庭中心举办的2013"现代学校制度中家委会研究"课题推进现场推介会上作了"借力家庭教育资源　构建和谐育人渠道"报告；朱侠的《陈毅精神照亮学子成长路》在《中国教育报》上发表；李慧先后赴泰安等地上省市区公开课，产生了良好的示范效应和社会效益。

1.通过建构德育管理平台，改变了德育课程功能"两张皮"现象

课程内容的重组与管理体系的重建，形成了以道德与法治课堂教学为主渠道，以文明礼仪教育、环境教育、安全教育、人生规划、健康教育等地方与学校课程为补充形式，以班值日、班团队活动、社团活动、

校园文化活动、社区服务等主题教育活动为践行教育阵地,以全员育人和分组管理为主要形式的德育课程体系,充分发挥了课程在"大德育"系统中的作用。

2. 通过建构德育教学模式,有效推动了课堂教学的新变化

一是针对课堂教学主题,引导学生充分了解与其相关的德育知识,让学生知情明理,并通过各种鲜活事例的列举引起学生道德情感的共鸣;二是让学生的道德情感与现实生活产生强烈的共鸣,让学生正确客观地分析自己和他人的心理品质和道德行为,以提高德育的实效性;三是学生以社团为单位,利用假期时间走向社会、走进社区,或参观访问,或调查研究,或志愿服务,或开展公益活动,体验情感,提升能力。

3. 通过构建多元化评价体系,有效推动了课程评价方式的变革

依托综合素质评价,将学生思想道德评价落到了实处。学校从道德品质与公民素养、学习态度与能力、合作交流与探索实践、运动与健康、审美与表现五个维度对学生进生综合素质评价。评价结果的公开透明,为学生道德与法治发展提供了一份翔实的"跟踪报告",有利于学生发现自己的优点,克服自己的不足,从而有效地提升了学生的综合素质。

4. 道德与法治课程改革唤醒了广大教育工作者对德育工作的重新认识,实现了由"应试教育"向素质教育的转变

道德与法治课如果仅仅考虑教材、知识点、课时、课堂、教学法等,把道德与法治教育简化为知识灌输和道德训诫,那就从根本上偏离了德育的真正目的。归根结底,道德与法治课需要教师着眼于"立德树人",用自身的师德师爱和社会万象作为教育资源,用新课程理念去观照德育,通过"实践"这一路径为学生铺设一段通往社会、通往生活、通往幸福人生的跑道。

5. 存在的问题与不足

一是道德与法治课程改革涉及学校教导处与政教处的联合参与，在实际工作中存在相互推诿的现象。教导处要排除德育工作非本部门所管的思想，政教处要树立课程意识，将本部门的各种德育教育活动自觉与道德与法治课程体系接轨，并与教导处一起做好道德与法治教师、地方与校本课程教师的考核评价工作。二是思品课程改革需要社会的广泛参与，在实际操作过程中，社会德育大资源挖掘不足、不透，尤其是社区、家庭还没有自觉主动地融入道德与法治课程改革中，影响了道德与法治课程改革的深度与广度。

初中道德与法治课程改革任重道远。我们将在"德育为先""立德树人"理念的引领下，结合校情、教情、学情，继续积极探索初中道德与法治课程改革的新思路、新措施、新途径，着眼于打好学生的"根基"，筑牢学生成长的"精神长城"。

"初中生命化课堂教学的实践与研究"
课题研究总报告

引　言

在嬴牟大地，一提起"生命化课堂"，人们马上就能想到莱芜区陈毅中学。经过十余年的悉心研究和探索实践，生命化课堂已经成为莱芜区陈毅中学的教育品牌之一。回首改革的历程，其教育教学改革的思想渊源与脉络走向清晰可见。

概而言之，学校生命化课堂教学改革大致经历了四个阶段：初期探索阶段、学案导学阶段、生命化课堂教学研究阶段、生命化课堂教学改革的深化阶段。每一个阶段都具有独特的价值，每一个阶段都形成了丰厚的理论成果和实践成果。

2010年，在进行了大量前期研究的基础上，学校的"初中生命化课堂教学的实践与研究"被立项为山东省教育科学规划课题。立项以来，课题组成员对学校的课堂教学改革进行了系统的梳理、规划、研究和总结，加深了对生命化课堂教学改革的理解，形成了诸多共识，构建起了各学科课堂教学的基本规范，有效地改变了教师的教学方式和学生的学习方式，有力地促进了学校教育教学质量的提高。

内容摘要

生命化课堂教学以生本教育为依托，其核心理念包括三个方面：一切为了学生、高度尊重学生、全面依靠学生。三大核心理念各有侧重："一切为了学生"是目的，"高度尊重学生"是态度，"全面依靠学生"是方法。这从根本上实现了"学为主体"，摆正了教育对象的位置，同时隐含着对教育者的角色定位，是地地道道的素质教育。

生命化课堂教学的基本操作方法是"先学后教"。黄克剑教授提出，生命化教育的主导途径便不在于逻辑思辨或道理上的条分缕析，而在于通过范本的直观达到心智的开悟，要让学生直面生活、直面经典。所谓"直面生活"，是用他自己最情愿的方式把亲历亲记的生活感受说出来；所谓"直面经典"，就是直接去读古今中外的经典作品。这种直面生活、直面经典的教育是受教育者的生命始终在场的教育。换句话说，是生命化的教育。那如何让学生直面生活、直面经典？唯一的途径就是让学生自主学习，做到先学后教。从洋思中学、杜郎口中学等国内知名学校的实践及我们的自主探索来看，"先学后教"的操作方法应当是经得住推敲的，要一如既往地坚持下去。

"生命化教学"要求构建学习小组并通过小组交流实施"个性化教育"。当今世界，班级授课制以其无可替代的优势占据着教育的主流地位。班级授课制起源于16世纪的欧洲，17世纪捷克教育家夸美纽斯出版了《大教学论》，形成了班级授课制的系统化理论。班级授课制是普及教育、扩大教育教学规模的必然结果，同时我们也注意到班级授课制并不是完美无缺的，在这种体制下，除了教学活动僵化、学生动手机会较少等弊端，强调统一、难以照顾学生的个别差异也是其明显的缺憾。但在目前的形势下，学校又不可能回到"个别教学"的年代，怎么办？在实践中我们发现，小组教学是一个较为合理的折中办法。实施小组教学，不同层次的学生结为学习共同体，学生既能在组内找到"纵向坐标"，又能在班内找到"横向坐标"，学生在交流合作的过程中实现了自我认知，实现了个性发展。

在这个过程中，首先要构建结构合理的小组。一是小组人数要合理，一般以4~8人为宜；二是分组应遵循"组间同质，组内异质，优势互补"的原则；三是小组成员动态管理，可以是组间某些角色的互换或轮换，还可以按活动主题的需要让学生进行自由组合。其次，小组成员要合理分工，明确职责，小组内应设小组长并根据不同活动的需要设立不同的角色，要求小组成员既要积极承担个人责任，又要相互支持、密切配合，发挥团队精神，有效地完成小组学习任务。最后，教师要进行必要的指导。在合作交流的过程中学生对学习内容不但要自我解读、自我理解，而且要学会表述、学会倾听、学会询问、学会赞扬、学会支持、学会说服和学会采纳，这要求学生要有较强的互助意识和较高的学习与交往技能。教师应该在学生交流的过程中提供热情、耐心、有价值的帮助。

生命化课堂教学的激励机制是学生的"自我展示"。渴望得到关注是学生乃至成人的普遍心理，相当一部分学生失去学习兴趣的原因就是长期得不到应有的关注。"生命化教育"倡导学生自我展示，一改学生的被动地位，学生在展示过程中习得了知识、增长了能力，至关重要的是获得了学习的动力，可以说，"自我展示"之于学生，犹如引擎之于汽车。

以上共识，概而言之就是要让学生"自学、交流、展示"。

正　文

一、课题的提出

长期以来，围绕着课堂教学效率的高低，我们的课题组成员一直在思考几个问题。

1. 造成教师间课堂教学效果差异的最主要因素是什么？

分析各方面原因之后，我们发现，造成教师间课堂教学效果差异的最主要原因不是教师讲得怎么样，而是学生听得、接受得怎么样。课堂教学效果好的教师往往能通过引人入胜的讲解或得力的管理手段促使尽量多的学生在有限的课堂时间内尽量多地参与到课堂中去。最大限度地保证最大数量的学生在有限的课堂时间中以最大限度的注意力投入到学习中去，是全面提高课堂教学质量最关键的因素，是验证一切教学方法是否有效的重要指标。

2. 缺少预习的课堂教学是否犯了揠苗助长的错误？

人对事物的认知是需要一个过程的，一般要经过了解、理解、熟识等几个阶段，人对知识的学习也不例外。绝大部分教师都知道预习的意义，但在传统教学中，这种"知道"大部分也仅仅停留在意识的层面上，实践中又有几个教师能把预习作为教学过程中一个不可或缺的环节去对待、去处理？失去了预习的课堂教学是不符合认知规律的，犯了严重的揠苗助长的错误。

3. 分层教学的目的是什么？分层教学的极限又是多少呢？

"同一时间、同一步调、同一要求"的"三同一"是传统教学忽视学生个性差异的最突出表现。为克服这一弊病，我们曾经尝试了多种形式的分层教学，力求探索一种能够实现每位学生个性化发展的学习过程和学习方式。例如：首先将班级学生分成A、B、C三类，然后分别提出不同的目标和实施不同的教学内容；实施"走班制教学"等，所有这些都存在着复杂而难操作、截然分层而造成对学生的心理伤害、分层不彻底等问题。

我们认为，最理想化的分层教学在形式上应当是简单而易管理的，能够真正实现每一个学生的个性化学习（每个学生都有适合自己需求的目标、内容和过程），也就是说能达到分层的极限，即以每个学生个体为单位组织教学。

学校的生命化课堂教学改革正是基于以上几方面的思考而设计的，其主要理念有以下几点。

1. 了解是熟识的第一步

增设预习课，并使之成为相对独立而且不可缺少的教学环节之一。

2. 不断体验到学习成功的喜悦是培养学生自觉、主动学习的原动力

通过预习课上的独立自学和感悟，小组之间的反馈和交流，以小组为单位的学习成果集体展示和表演等环节，学校的生命化课堂教学为学生创造了极其宽广的、能够获取成功体验的机会和空间。"在学习中感受快乐，在快乐中不断学习"使"快乐学习"在学校的课堂上得到了淋漓尽致的体现。

3. 将班额降低到"1"，真正实现个性化教学

生命化课堂教学改革通过小组交流，使每一个学生的每一个疑问和困惑，都能在第一时间内找到可以帮助的"辅导教师"。每一个学生都可以按照自己的基础、自己喜欢的方式展开自己的学习过程，真正实现了教学上的个性化。

4. "走着比站着睡着的几率要小得多，站着比坐着睡着的几率要小得多"

生命化课堂教学改革强调的是"只要学生全神贯注地学习，其外观行为表现可以有不同的形式。在课堂上坐着学、站着学、走着学甚至是

趴着学，只要学生是全神贯注的，只要他没有给其他学生的学习造成不良影响，就都是可以接受的"。这样，虽然没有了以往课堂上的"一片寂静"和"井然有序"，但学生参与学习的自觉性提高了，"走神"成了一个一去不复返的历史名词。

5. 转变课堂对话对象，创造和谐氛围

传统课堂模式下的生生对话是平等、和谐、谦虚的；师生对话往往是使学生腻烦的。生命化课堂教学改革通过小组管理，实现了小组成员之间的相互监督、相互管理、相互帮助、相互促进。这样，原来师生对话时学生容易产生的腻烦情绪消失了，随之建立起了基于自信、互信、欣赏、激励的和谐氛围。

6. 发现问题是解决问题的前提

学生学业成长是一个不断发现不足，然后再克服不足的前进过程。"生命化课堂教学改革"通过小组内的交流和以小组为单位的班级展示等环节，使每一个学生的每一个不足都能被发现，再加上学生之间的辅导，就会最大限度地解决每一个学生学习过程中的疑问和困惑，从而保证了学生的不断进步。

7. 讲知识是学会知识的最高境界

生命化课堂教学改革通过小组内的交流和以小组为单位的班级展示等环节，为每一个学生创造了向同学讲解知识的机会。学生在讲解知识的过程中，实现了对新学知识的整理、深层次理解和运用，从而达到了学知识的最高境界。

生命化课堂教学改革的本质目的就是为学生创造一种可以自由、合作、入情入境地发现问题、解决问题、理解知识、体验知识、赋予知识意义的时间和空间，也就是最大可能地恢复教育教学的生命本元。

生命化课堂教学改革突出学生的主体地位，强调学案式导学，可以从根本上转变广大教师的教育教学观念。生命化课堂教学改革重视学生预习和小组式合作学习，可以构建起以学生"自主、合作、探究"式学习为主题的新型学习模式。生命化课堂教学改革以张扬学生个性为目的，创建学科社团，让学生的学习走向"合格+特长化"和"生活化"，实现了学生在实践中学习和个性化学习。

二、研究的意义

1. 该课题研究是对新课程理念的一种实践

我国20世纪与21世纪之交的新一轮基础教育课程改革，是深化教育改革、实现教育创新、全面推进素质教育的重大举措。而学习方式的转变是本次课程改革的显著特征。改变原有的单一、被动的学习方式，建立和形成旨在充分调动、发挥学生主体性的多样化的学习方式，促进学生在教师指导下主动地、富有个性地学习，是关系新课程理念是否得到实践的重要标志。

2. 该课题研究是培养学生终身学习意识和能力的重要措施

中国科学院院长徐冠华曾经说过："到2020年左右，每过75天，将要诞生一门新兴学科，到那时，人们所运用的知识当中有90%产生于最近的15年。也就是说，2020年左右，人们在生活、工作、学习中所运用的知识有90%现在还没有产生"。培养学生的自学能力，增强学生终身学习的意识和能力，不仅是培养学生适应未来社会的一种基本要求，更是对人性的一种尊重，是教育本质之所在。

3. 该课题研究是实现教育教学可持续发展的一种探索

把学习的方法、时间和空间归还学生，重树学生学习第一主人的地位和身份，是对实现教育教学可持续发展的一种探索、一种思考。

三、理论依据

生命化课堂教学改革主要根植于以下理论。

（一）生命教育

教育有人文关怀的一维，应赋予每个生命人文的意蕴。我们需要对生命教育予以理智的思考，把它当作一个问题去把握。意大利教育家蒙台梭利在多年理论研究与实践探索中深刻指出："教育的目的在于帮助生命力得以正常发展，教育就是助长生命力发展的一切作为。"由此，生命教育理论应从生命的视角与哲学的层面进行定位。在价值取向上，教育应关注人的生命，关注人的生命质量和幸福应是教育的核心；在教育方法上，应以人为本，尊重学生主体的成长规律，重主体参与，融学校、社会、家庭、个体于一体，给个体一种适时表达自我的机会并加以恰当引导，让他在承担、体验角色的过程中，感悟生命及对生命力的价值判断与选择，以生成积极的生命意识，从而把握生命的价值，拓展生命的精神空间，焕发出生命的活力；在教育内容上，应以生命的内涵及理念为切入点，让学生真正懂得生命的唯一性、不可替代性、基础性；在教育过程中，学校是学生心灵接触最微妙的地方，教育需要用心灵去工作，真正的教师应把自己的生命融进职业生活中，从职业中得到快乐与发展。生命教育就是要引导学生正确认识人的生命价值，理解生活的真正意义，激发学生对终极信仰的追求，滋养学生的关爱情怀。

【生命化课堂教学改革对生命教育理念的理解和体现】

生命的意义在于实现平等的尊重、人格的健全、个性的张扬、真爱的奉献、感情的流淌和思想的升华，而这也是生命教育理念对每一名教育工作者提出的基本要求。

生命化课堂教学下的课堂完全抛弃了抹杀生命天性的"规规矩矩""步调一致"和"教师权威"。小组互助让学生懂得了什么是平等、什么是尊重；交流展示使学生理解了什么是欣赏、什么是鼓励；选择自己喜欢的方式去学习让学生发现了自我优势和个性特长；"自学为主"让学生"用自己的方式去感悟前人的思想""用真实的感受赋予知识特有的意义"："小组交流"和"成果展示"让课堂因学生自由活动而变得具有活力，因经常化的真爱奉献和感情流淌而变得生机盎然。

（二）终身教育

《学会生存——教育世界的今天和明天》是联合国教科文组织在1972年发布的国际性教育报告。该报告特别对终身教育进行了界定和说明。报告从终身教育概念发展的历史进程角度指出："最初，终身教育只不过是应用于一种较旧的教育实践即成人教育（并不是指夜校）的一个新术语。后来，逐步地把这种教育思想应用于职业教育，随后又涉及在整个教育活动范围内发展个性的各方面，即智力的、情绪的、美感的、社会的和政治的修养。最后，到现在，终身教育这个概念，从个人和社会的观点来看，已经包括整个教育过程了。它首先关心儿童教育，帮助儿童过着他应有的生活。同时，它的主要使命是培养未来的成人，使其准备去从事各种形式的自治和自学。后一种学习要求为成人发展提供范围广阔的教育结构和社会活动。"

【生命化课堂教学改革对"终身教育理念"的理解和体现】

终身教育理念告诉我们，中学教育至少要完成两个方面的任务：一是把学习看作生活的一部分，并努力使学生在这种特殊的生活中体验到幸福、感受到收获、触摸到成长；二是培养能够支撑学生未来学习和生活质量的自治能力和自学能力。生命化课堂教学所要实现的"快乐学习"不必再述，而它产生的直接效果还有"能够不断提升学生的自学意识和能力"，这是对当今教育职责的一种与时俱进的思考，也是对学生未来生存权的一种尊重。

（三）主体性教育

主体性教育思想对于围绕正确认识现代教育的目标、学生地位、师生关系、教育过程等，提出了一系列主张。

1. 学生是自身生活、学习和发展的主体

学生作为教育活动的对象或客体是相对的、暂时的，而作为自身生活、学习和发展的主体则是绝对的、长期的。学生并不因为教师把他们当作施加教育影响的对象就成了完全被动的客体，相反学生始终是自身意识与活动的主体。比如，学生感到有兴趣就积极参加，感到无聊则漠然置之，感到厌倦或不满就加以抵触，等等。

学生是有着主观意志的自己生命的主体，他们应该有一定的自主选择和自我发展的权利。主体性教育思想首先把学生看作人，然后才看作学生。也就是说，学生在学校中首先是在过一种生活，学习是其生活的一个有机组成部分。每个人的生活都只能自己过，别人无法代替。对每个人的生活来说，自己的感受、意志和想法是最重要的。

学生之间在天资、个性、生活环境等方面存在着种种差异，因此每个学生都有最适合自己的学习与发展的方式。高明的教师，最大的本事是能够充分了解学生，并尽可能创造适合学生的教育环境，让学生按照自己的方式去主动学习和发展，因为教师的教毕竟是外在的因素，学生怎样学、会不会学才是对其学习和发展起直接作用的因素。

2. 现代教育过程应该是教师与学生双主体协同活动的过程

主体性教育思想既认为学生是自身学习与发展的主体，同时又认为教师是教育活动的主体，教师与学生这两个主体在学校教育过程中协同活动，共同完成教育的任务。在双主体的协同活动中，教师负责整个教育活动情境、内容、方式、条件等的设计与安排，鼓励学生积极主动地参与其中，并为学生提供必要的指导和帮助。学生对教育活动的参与不是通常所见的对教师提问的一种简单应答，而是有更多自主选择的空间。教师不再一味地要求学生如何做，学生也可以向教师提出要求。教师可以根据学生的情况，灵活调整教育活动的情境、内容、方式及教育活动的进程，而不是局限于教案的既定设计。

3. 现代教育应把发挥和培养学生的主体性作为一项核心目标

在现代社会中，发挥和培养学生的主体性不仅仅是实现学生全面发展目标的一种途径或工具，其本身就是目的。教育不仅是对学生未来生活的准备，而且要关注学生眼下的生活，没有当前生活的健康和幸福，就不可能有将来生活的成功。而当前生活的健康和幸福与否，最重要的指标之一就是看一个人是否能够充分发挥其主体性。

4. 现代教育中应建立民主平等、相互尊重的新型师生关系

要培养和发挥学生的主体性，首先要确保学生在教育活动中具有一种实实在在的主体地位。要保证学生的主体地位，关键在于建立一种合理的师生关系。因为，学生在学校中处于什么样的地位、其主体性发挥得如何，取决于教师在师生关系中的态度。在比较理想的师生关系中，教师应该既是师长，又是参谋、朋友、顾问，师生之间应该是相互尊重的。所以，在学校的人际关系中，应该形成这样一种氛围：既让每个学生都被尊重，又让每个学生都学会尊重别人。

【生命化课堂教学改革对"主体性教育"的理解和体现】

"主体性教育"提醒我们至少要树立以下几个方面的教育理念。

第一，学生是了解知识、理解知识、感悟知识和运用知识的第一主人，而且学生在学习中的这种地位和身份是客观的，没有"是不是"的问题，只有有没有认识到和落实到的问题。

第二，学生之间存在巨大差异。"步调一致的教学""按照教案的既定设计，'一竿子插到底'的教学"是教师的独台表演，是对学生真实存在的一种漠视。

第三，学生对教育活动的参与不是通常所见的对教师提问的一种简单应答。

第四，在现代教育中，应建立民主平等、相互尊重的新型师生关系。

生命化课堂教学较好地体现了以下几种教育理念。

第一,"以学生的自学为主"是生命化课堂教学的核心理念。通过预习、小组反馈与交流、成果展示等环节,生命化课堂教学为突出和表现学生在学习中第一主人的地位和身份提供了最坚实的基础。

第二,"用自己喜欢的方式"投入到预习、小组反馈与交流、成果展示等各个学习环节,实现了学生学习方式和学习过程的个性化,努力创造了一种适合每一名学生学习的教育模式。

第三,小组反馈与交流、成果展示与评价中所体现的师生互动、生生互动,使"教师与学生双主体协同活动"具有了一种近乎完美的形式。

第四,"生命化课堂教学所倡导的师生之间、生生之间的平等、尊重、自信、欣赏、激励是建立民主平等、相互尊重的新型师生关系的实际需求和精神号召。

(四)多元智力理论

1. 多元智力理论下的学生观

多元智力理论所倡导的学生观是一种积极的学生观。它认为,每个人都或多或少具有8种智力,只是其组合和发挥程度不同。每个学生都有自己的优势智力领域,有自己的学习类型和方法,学校里不存在"差生",全体学生都是具有自己的智力特点、学习类型和发展方向的可造就人才。

2. 多元智力理论下的教学观

多元智力理论所倡导的教学观是一种"对症下药"的因材施教观。"对症下药"有两个方面的含义:其一,针对不同智力特点的"对症下药",即不同的智力领域都有自己独特的发展过程并使用不同的符号系统,因此教师的教学方法和手段,应该根据不同的教学内容而有所不同;其二,针对不同学生的"对症下药",同样的教学内容,在教学时应该针对每个学生的不同智力特点、学习类型和发展方向"对症下药"

地进行。无论什么教育内容都使用"教师讲，学生听"的教育方法，无论哪个教育对象都采取"一本教材、一块黑板、一支粉笔"的教学形式，是违背教育规律和因材施教原则的。所以，新的教学观要求我们的教师根据教育内容及学生智能结构、学习兴趣和学习方式的不同特点，选择和创设多种多样适宜的、能够促进每个学生全面、充分发展的教育方法和手段。

【生命化课堂教学改革对"多元智力理论"的理解和体现】

多元智力理论告诫我们，教学要尊重学生的智力特征，"一本教材、一块黑板、一支粉笔"的教学是低能高耗的。

生命化课堂教学要求学生通过自己喜欢的方式（语言性的、肢体的、音乐性的、美术性的、表演性的、网络作品性的等）、按照自己学习特点（独立性的、合作性的、先自学后练习或先尝试练习后看书等）和速度（或快或慢）完成预习、交流、展示等各环节的学习。这样能够最大限度地利用和挖掘学生不同倾向的智力资源，从而最大限度地实现学生学习的"个性化"。

（五）教育心理学

1. 学习过程的阶段性

我国古代教育家孔子将学习过程划分了7个阶段，即立志、博学、审问、慎思、明辨、时习、笃行。德国教育家约翰弗里德里希·赫尔巴特又把学习过程划分了5个步骤：①准备；②提示、联想；③比较和抽象、系统；④概括、方法；⑤应用。我国现代教育心理学家在前人的基础上，认为学习可以划分为动机、感知、理解、巩固和应用五个阶段，这和前人的学习阶段说观点基本是符合的。

【生命化课堂教学改革对"学习过程的阶段性"的理解和体现】

认识一件事物不是一个一蹴而就的过程，而是有着循序渐进的阶段性的，课堂教学也必须要尊重这种阶段性。所以，生命化课堂教学强调：必须把"预习"作为一个独立的环节纳入教学的全过程，并且要求没有预习充分的内容不能进入下一个环节。

2. 以问题为中心的教学

（1）问题教学的性质

以问题为中心的教学，简称"问题教学"或"问题解决法"。它的实质是置学生于一定的问题情境之中，引导学生围绕着问题重新组织已知的规则，以形成相应的高级规则，并用它来解决当前的问题。这种问题教学具有三个特点：解决的问题是初次遇到的，即新问题的解决；解决问题要把已掌握的规则重新加以组合，找出适合于当前问题情境的解决方法；问题一旦解决，所习得的高级规则是能够迁移的。

（2）问题教学的步骤

提出问题，让学生置身于问题情境之中，提出学生第一次要解答的问题；解决问题，这不可能在"真空状态"中进行，它总是依赖于学生的以前的经验。

【生命化课堂教学改革对"以问题为中心的教学"的理解和体现】

所谓的"学习"到底是学什么？这个问题很简单，只不过越来越多的人把它理解得过于复杂了，以致复杂得掩盖了它的真实面目。其实，"学习"就是一个发现新问题、解决新问题从而不断完善、丰富和提高的过程，即一个学习"不会的东西"的过程。那么，"不会的东西"在哪里呢？是学生自己去发现，还是由教师直接告知？这是生命化课堂教学与传统教学根本上的不同，其产生的后果是不一样的，前者是主动的、自觉的、饶有兴趣的，后者则是被动的、强迫的、消极应付的。生命化课堂教学高度重视预习的意义和结果，也就是把"让学生成为问题的第一发现者和第一尝试解决者"放在了学习过程的首要环节，这是对"以问题为中心的教学"的深刻理解和完美体现。

3. 影响学习的非认知因素

学生的学习不仅取决于智力水平、认识方式和学习能力等认知因素，还制约于某些非认知因素。非认知因素主要是指那些不直接参与认知过程，但对认知过程起着始动、定向、引导、维持、强化作用的心理因素，也就是智能以外的心理因素，它包括动机、兴趣、情感、意志、态度、性格等心理成分。

【生命化课堂教学改革对"影响学习的非认知因素"的理解和体现】

课程改革之初，学生不愿预习、不会预习、在预习中偷工减料、预习速度极慢、不愿交流、不愿展示、不会交流、不会展示。我们认为，所有这些问题几乎全部是由于非智力因素水平低，而学生非智力因素水平低，并不是本次课程改革造成的，其实这种状况早就存在，只不过传统教学掩盖了这一事实，是本次课程改革使它暴露了出来。我们坚信，既然生命化课堂教学有使之暴露的力量，也就一定具备不断改善它的功能。实践证明，在推行生命化课堂教学的过程中，我们欣喜地发现学生越来越愿意预习、交流和展示了，并且越来越会预习、交流和展示了，这也就预示着生命化课堂教学使影响学生学习的非认知因素水平不断提高，我们从而获得了提高学生学习水平的动力资源。

四、研究目标

本课题研究的总体目标是优化教师的教、优化学生的学。

具体目标有：

① 立足实践，积累丰富的教学研究素材。

② 探索生命化课堂教学设计的基本原则、基本方法。

③ 力求创建一套切实可行的课堂教学优化模式。

④ 形成较为丰富的理论成果和实践操作方式。

⑤ 研究学生预习的方法，着力培养学生自学能力，增强学生的自律

意识；

⑥开展小组教学，让学生在交流中培养合作意识。

五、研究方法

本课题在研究过程中采用了多种研究方法，其中主要有文献研究法、比较研究法、调查研究法、个案研究法等。

1. 文献研究法

本研究在大量的文献收集基础上，对前人的研究成果进行了总结与评价，并在此基础上进行了创新，建立了学校的生命化课堂教学体系。

2. 比较研究法

本研究对国内相关教学体系研究情况进行比较、分析，借鉴、吸收它们在课程设置与教学体系方面的经验，最终目的是推进学校课程改革。

3. 调查研究法

本课题在大量的调研基础上，通过对学校课程改革现状分析、总结，同时借鉴先进的课程模式，对生命化课堂教学体系进行了具体的研究，设计出符合我校实际的课堂操作模式和基本原则。

4. 个案研究法

本研究对课程改革的几个具体案例进行了研究，用具体的事例诠释了生命化课堂的研究与应用。

六、研究过程

在推进本课题研究的过程中，我们做到"四个坚持"，即坚持推广、坚持完善、坚持丰富、坚持总结，有效地将课堂教学改革分阶段向纵深推进。

经过了初期探索、学案导学、生命化课堂教学研究、生命化课堂教学改革的深化四个阶段后，2010年3月，学校出台第四期课程改革方案，着力解决前三期改革暴露出的学案导学、小组学习、课堂环节与模式中的一系列问题，将教学的实质意义回归原点，深入思考以下问题。教学教什么？学生学什么？小组存在的意义是什么？学生展示什么？我们认为：要教在疑问处，教在提高处；学习，往简单处说就是把本来不会的学会；小组教学就是"兵教兵"的活动，这样既解决了学生的个性问题，又节省了教学时间、锻炼了学生，这实际上结合了班级授课制和个别化教学的优点，有利于实现课堂教学的高效；学生展示既要让学生展示自己的优势，也要适时地引导学生展示问题和困惑，"学起于思，思源于疑"，"质疑式"教学倡导学生自主发现问题，并在与学生、教师的交流过程中自主解决问题，问题从学生中来到学生中去。这有力地改变了传统课堂的面貌：①改变学生的学习方式，学生由"被动听讲的从属地位"转变成"主动提问的主体地位"；②改变教师的教学习惯，"先学后教，以学定教，多学少教"的教学思想得到了贯彻，教师的点拨指导也能够做到有的放矢，有效地营造出一种"师生和谐对话，生生自由交流"的课堂教学生态。

2. 科学规划子课题

2010年，学校依据"生命化课堂教学的实践与研究"课题研究计划，形成了17项学科子课题。（如表5所示）

表5 "生命化课堂教学的实践与研究"17项学科子课题

学科	子课题名称
语文	让学生在质疑中提高语文素养
	初中语文单元整体教学的探索与实践
数学	培养学生自主学习能力的研究
	几何画板在数学课堂教学中的应用研究

续表

学科	子课题名称
英语	初中英语"自主—交互—共享"课堂教学模式的探索研究
	初中英语校外教学资源的开发与利用
物理	探究活动的个性化设计与实施
化学	探究型化学综合实践活动设计与实施研究
生物	活动式教学模式在初中生物学教学中的应用研究
信息	信息技术课堂中的生活建模研究
体育	体育教学与学生群体心理相互影响的实践与研究
音乐	体态律动在中学音乐教学中的尝试
美术	对初中学生学习美术"高原期"现象的研究
综合	初中综合实践活动课程中学生实践能力的培养
地理	初中地理主体参与型课堂教学模式研究
历史	初中历史学科史料教学的探索与研究
道德与法治课	生命化课堂下的案例教学

3. 解读文本，研讨课堂

在课题研究推进的过程中，我校制订了"解读文本，研讨课堂"系列教学研究活动方案，克服"有其名，无其实"的蹈空现象、"唯模式是从"的僵化现象、"原地踏步"的滞后现象，从落实教学研究活动的实效性和前瞻性出发，以"解读文本，研讨课堂"为突破口，将行动研究融入生命化课堂教学实践，对学校群众性教科研的价值进行明确定位，把"改进工作"和"提高自我"作为更现实和更重要的追求，把教研教学改革从关注"外饰"回归到关注"内蕴"，摒弃点状思维和割裂式思维，深度开发各学科的教学特质，有效提高教师的理念素养，形成合理的教学主张，走"强队伍、优课堂、创特色、铸品牌"内涵发展路径。

该项活动的开展，从"文本"和"人本"两个角度对课堂教学进行了深入探讨，扎扎实实地推进了生命化课堂教学的进程。

七、主要成果

多年来，课题组持之以恒地推进生命化课堂教学改革，优化了教师的教、学生的学，教师的教学方式和学生的学习方式得到转变，更加符合人的成长规律、教育的发展规律和新课程标准要求，培养了一大批优秀教师和优秀学生。

1. 教师理论水平与业务能力得到提升

2006年至2010年，学校教师论文累计发表200多篇。名师培养也初见成效，华丽老师获得"省教学能手"号；陶恒香老师被评为"莱芜名师"；另有21名教师获得市、区级"学科带头人"和"教学能手"称号；101人次在区级优质课评选中获奖、提供各类公开课或被评为各类教学工作先进个人；2007年，在莱芜区新课程课堂教学大赛中，学校获得团体金奖；尤其是2008年以来，在山东省优质课评选中，学校有10名教师获得参赛资格并取得了优异的成绩，创造了学校建校以来参加省优质课人数和成绩新记录；2010年，学校又有4名教师被评为莱芜教学能手，名师队伍不断扩大，骨干教师比例达到53%。

2. 教师工作状态的转变

由于学校的生命化课堂教学研究是一个永无止境、不断创新和发展的课题体系，所以教师始终会处于一种不断探索、不断尝试、不断思考、不断收获的状态之中，教师的兴趣得到了保持、精力得到了集中、激情得到了激发，这在无形之中形成了一种特有的校园文化，而这种文化正用它深厚的底蕴与独特的风格涵养着教师的性情、锻造着教师的职业操守。

3. 教学质量稳定在高水平

中考连创佳绩，非毕业班统考成绩优异。艺体教学成绩突出，学科社团也如雨后春笋般蓬勃发展起来，成为学校一道靓丽的风景。近年来，学校荣获了中国基础教育英语教育研究科研基地、国家级青少年体育俱乐部、全国射箭重点学校、全国尝试教学实验基地、全国推行体育锻炼标准实验先进单位等10项国家级荣誉，获山东省依法治校示范学校、山东省民主管理先进单位、山东省家庭教育工作先进单位等18项省级荣誉，获莱芜办学水平优秀单位、莱芜规范化学校、莱芜教育工作先进单位等市级荣誉20多项，连年被评为市、区教书育人先进单位，受社会各界的广泛关注，享有良好的社会声誉。

4. 取得了丰硕的教科研成果

自开展生命化课堂教学研究以来，学校不仅提出了"凸显自主、合作、探究教学理念，让课堂焕发生命活力"的课程改革指导思想，而且已经构建起了"自主学习—合作探究—展示提升"的基本课堂教学模式和各学科四种课型的具体结构，同时在学案设计、学生预习能力培养、学习小组的组建与管理等方面也积累了丰富的经验。

5. 小组教学显现成效

小组教学实现了课堂教学管理的"化整为零"，这样班额实际上变成了"1"，所以小组教学将分层教学推向了极致，开创了分层教学的全新局面，最大限度地实现了"面向全体"的教育目标。

6. 课堂焕发了生命的活力

在课堂教学改革的过程中，我们欣喜地发现，课堂正日益焕发出生命的活力：生命化课堂教学下的课堂完全抛弃了抹杀生命天性的"规规矩矩""步调一致"和"教师权威"。通过自主学习，学生能用自己的方式去感悟前人的思想，用真实的感受赋予知识特有的意义；通过小组互助，学生懂得了什么是平等、什么是尊重；通过交流展示，课堂因学生的自由活动而变得具有活力，因活动的充分而变得生机盎然。

7. 形成了一个品牌

现在一提起"生命化课堂"，人们马上就能想到陈毅中学，生命化课堂已经成为陈毅中学的品牌。生命化课堂教学改革得到了领导的支持、广大兄弟学校和社会的广泛认同。实施生命化课堂教学研究以来，学校接待参观、学习的外校领导和教师近3 000人次，先后提供各级教学现场7次，学校先后派出100多人次送课助教。

8. 生命化课堂教学被市区两级教研室评为教学特色项目

后　　记

自小迷书，捧书痴读，有时忘食，故与书结缘。出身农村，跳出农门、走向更广阔的世界，是许多农村孩子的梦想。为早日实现心中那个"终身与书结缘"的梦想，升学填报志愿，我毅然填报了中等师范学校，以优异成绩考入，又凭优异成绩毕业，分配至母校口镇中学任教，和我的老师竟然成了同事！

20世纪90年代，生活还处于原生态时代，没有手机、没有电脑，书籍种类少之又少，想买几本教育理论书籍难度颇大。我借着外出学习的机会或是委托同学、同事、好友，想方设法购买，或是借阅了一系列教育理论书籍。陶行知、陈鹤琴、魏书生、钱梦龙、于漪、邱学华等，或者是苏霍姆林斯基、夸美纽斯、杜威、布卢姆、布鲁纳等，这一连串令人仰慕的中外教育名家的名字陆续进入了我的视野，他们的教育理论著作也纷纷摞到了我的案头，工作之余，我如饥似渴地穿行于教育名家的思想丛林里，精神不断受到冲击和洗礼。

持续不断地学习，我的视野渐渐开阔起来，教育教学之路越走越宽，教育教学成绩在镇上名列前茅。说实话，那时候我还真是"初生牛犊不怕虎"，勇挑重担，工作第一年就担任毕业班的班主任，由于我的课讲得还不错，得到了当时区教研室教研员范继营老师和王修军老师的热心帮助和推荐，工作不长时间就获得了"莱芜市教学能手""莱芜市数学学科带头人"等称号。头衔多了，但读书的脚步从未停止。

2002年3月，我调入陈毅中学，并且被选拔进入学校中层，承担管理职责。先后担任政教处主任、教导处主任、副校长，直至2013年7月，被任命为陈毅中学校长兼党支部书记。工作日渐繁忙，读书从未间歇，陈毅中学的教育教学质量也逐年攀升，我先后被选为莱芜区第18届人大代表、山东省第三届"齐鲁名校长"工程人选，获得"全国创新型优秀教师""全国新教育智慧校长""全国科教先进校长""省教育科学研究院优秀访问学者""省科技教育优秀学校校长""市优秀教育工作者""市首届学科带头人""市教学能手""莱芜工匠"等荣誉称号。

工作之余，读书、写随笔，我几乎没有间断，思维在不断的碰撞交流中得到了提升，书写的文字也越积越多。这几年，一直有一个想法萦绕心中，就是想把自己记录这些年来对教育的感悟、体会的文章结集出版，既是对自己教育教学心得体会的总结梳理，更想与同行切磋交流。诚惶诚恐中，终于确定了书稿《弘毅文化，引领学校发展——我做校长的思与行》。全书分为新的教育观、新的育人观、课题研究类三个大部分。

从教以来，我始终坚持以"做育根的教育，办有灵魂的学校，成就出彩师生"为办学思想，提出了"培养具有国际视野的现代优秀公民"的培养目标，确立了"弘毅、尚学、崇善、启新"的校训，形成了以"弘毅"为核心的"弘毅教育"特色品牌。这些教育教学理念在书中都有不同程度的体现。

本书的出版，得到了很多专家和学者的热心支持和帮助，在此表示衷心的感谢！

我深愧学浅，瑕疵粗陋之处难免，诚请方家指教。